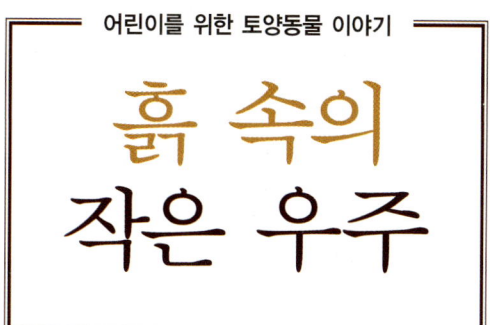

Life in a Bucket of Soil
by Alvin Silverstein and Virginia Silverstein

Copyright © Dover Publications, 1972

Korean translation right © Sakyejul Publishing Ltd., 2007
This edition was published by arrangement with Dover Publications through THE agency, Seoul.

더에이전시를 통해 Dover Publications와 맺은 독점 계약에 따라 이 책의 한국어판 저작권은 (주)사계절출판사가 소유합니다.
저작권법에 따라 한국 내에서 보호를 받는 저작물이므로 무단 전재와 무단 복제를 금합니다.

어린이를 위한 토양동물 이야기

흙 속의 작은 우주

앨빈 실버스타인 · 버지니아 실버스타인 지음
김수영 옮김 | 김태형 그림

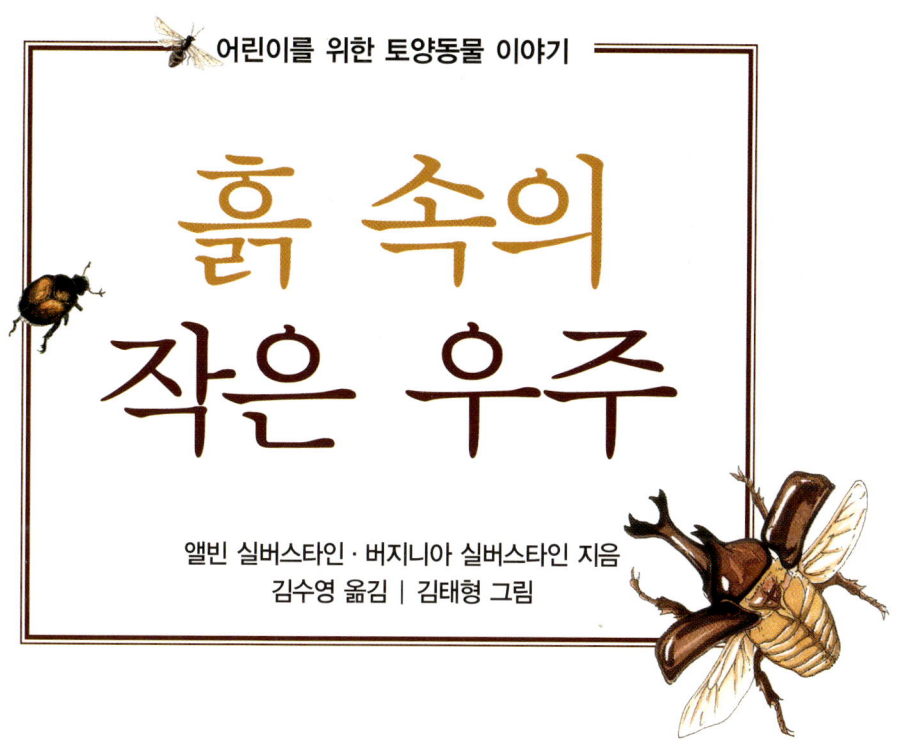

사계절

〈일러두기〉
1. 그림 속 토양동물은 실제 크기와 다릅니다.
2. 등장하는 동물 중에는 우리나라에서 볼 수 없는 종도 있습니다(예: 배마디거미).

차례

흙 속의 생태계 6

채집과 관찰 14

지렁이 _ 흙 세계의 건축가 22

선충 _ 꿈틀거리는 실 31

달팽이와 민달팽이 _ 점액 미끄럼쟁이 35

쥐며느리 _ 단단히 무장한 청소부 41

지네와 노래기 _ 다리가 가장 많은 흙 동물 46

톡토기 _ 흙 세계의 높이뛰기 선수 53

거미 _ 매복한 사냥꾼 60

응애와 진드기 _ 흙 세계의 기생동물 71

딱정벌레 _ 날아다니는 탱크 75

개미 _ 지하 왕국의 백성들 85

사람과 흙 96

옮긴이의 말 99
찾아보기 102

흙 속의 생태계

우리 발 밑에는 거대한 생태계를 이루는 생명의 세계가 있다. 풀밭, 숲, 들판의 흙 속에는 작은 생명체가 바글거린다. 심지어 도시의 빈 터나 좁다란 골목길의 흙에도 저마다 그 환경에 맞는 생명체가 살고 있다.

땅 속 세계에서는 헤아릴 수 없이 많은 동물들이 태어나고 또 삶을 위해 싸우다가 죽어 간다.

흙 속의 세계는 지하의 거대한 정글 같다. 여러 종류의 식물 뿌리가 서로 얽히고설켜 있고, 이 뿌리 사이에 난 틈을 따라 낯선 동물들이 바삐 기어가거나 꿈틀거리며 미끄러져 간다. 어떤 동물은 단 한 번 깨물어 먹이를 두 동강낼 수 있을 정도로 턱이 거대하다. 또 어떤 동물은 머리부터 발끝까지 센털이 곤두서 있다. 땅 속 동물들은 대부분 앞을 보지 못한다. 하지만 어느 방향으로 가고 있는지 만큼은 훤히 안다. 녀석들은 평생 눈을 쓰지 않아도 된다. 죽을 때까지 어두운 흙 속 세계를 떠나지 않을 테니까.

이따금 산사태라도 나면 땅이 흔들리고 흙이 뒤섞여서 흙 속 세계는 아수라장이 되고 만다. 그래도 지렁이는 아랑곳하지 않고 흙을 헤치며 제 갈 길을 간다. 이렇게 파 놓은 구불구불한 굴은 지하 도시로 선선한 공기를 끌어들인다. 한 마디로 지렁이는 흙 속 왕국의 위대한 '건설자'이다. 이 굴은 수많은 동물의 주택단지 노릇을 톡톡히 한다. 굴이 만들어지면 딱정벌레와 지네, 노래기가 어느 새 굴로 기어들어와 자리를 잡는다. 그러곤 위험을 무릅쓰고 땅 위로 기어올라 다른 곤충의 알을 훔치거나 적당한 먹을거리를 구해 잽싸게 새로운 보금자리로 돌아온다. 다른 곤충들은 굴 안에서 먹잇감을 찾는다. 이 때 사나운 싸움이 일어나기도 하는데, 패배의 대가는 승리자의 먹잇감이 되는 것이다.

흙은 산해진미로 가득한 대형 식당이다. 오래 전에 썩은 뿌리와 낙엽, 동물의 시체, 반쯤 먹힌 곤충, 딱정벌레나 다른 토양동물들이 땅 속으로 옮겨오다가 떨어뜨린 먹이 조각 따위가 넘쳐 난다. 이런 메뉴에 사람들이 군침을 흘리진 않겠지만, 흙 속에 사는 많은 동물들에게는 영양 만점의 요리임에 틀림없다. 지렁이, 딱정벌레, 그리고 흙 속에서 살아가는 수많은 작은 동물들은 죽은 동식물을 먹고 배설한다. 이 과정을 통해 죽은 식물과 동물이 분해되고 그 속에 있던 무기물은 흙으로 돌아간다. 식물은 여기서 신선한 영양소를 얻는다. 너무 작아서 고배율의 현미경 없이는 볼 수 없는 섬세한 뿌리털로 주변 흙에서 수분과 여러 가지 무기물을 섭취하는 것이다. 그러고 나서 식물은 자기가 만들어 낸 무기물을 몸 밖으로 배출하는데, 이것은 지하 왕국에 사는 생물들의 삶을 변화시킨다. 식물들이 내보낸 무기물 가운데 일부는 강력한 살충제로, 사람이 만드는 그 어떤 제품보다 효과가 뛰어나다. 또 다른 무기물은 근처에 있는 다른 식물들의 뿌리에 너무 가까이 오지 말라는 경고 신호를 보낸다.

땅 속 세계에 속한 작은 시민들의 생활은 매우 복잡한 형태로 서로 연결되어 있다. 일부는 흙 속의 부식물을 먹고산다. 대신 이 동물들은 그들을

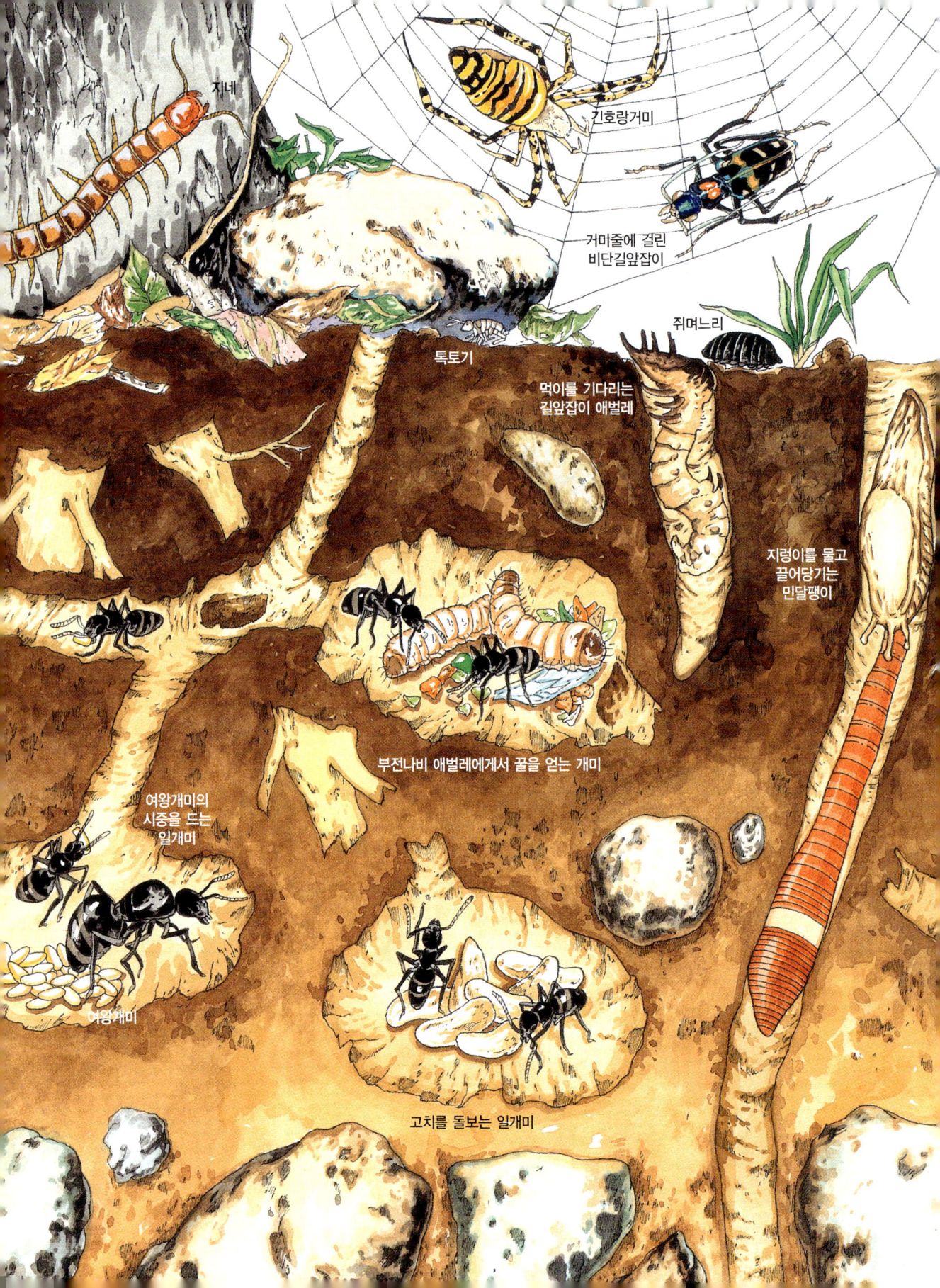

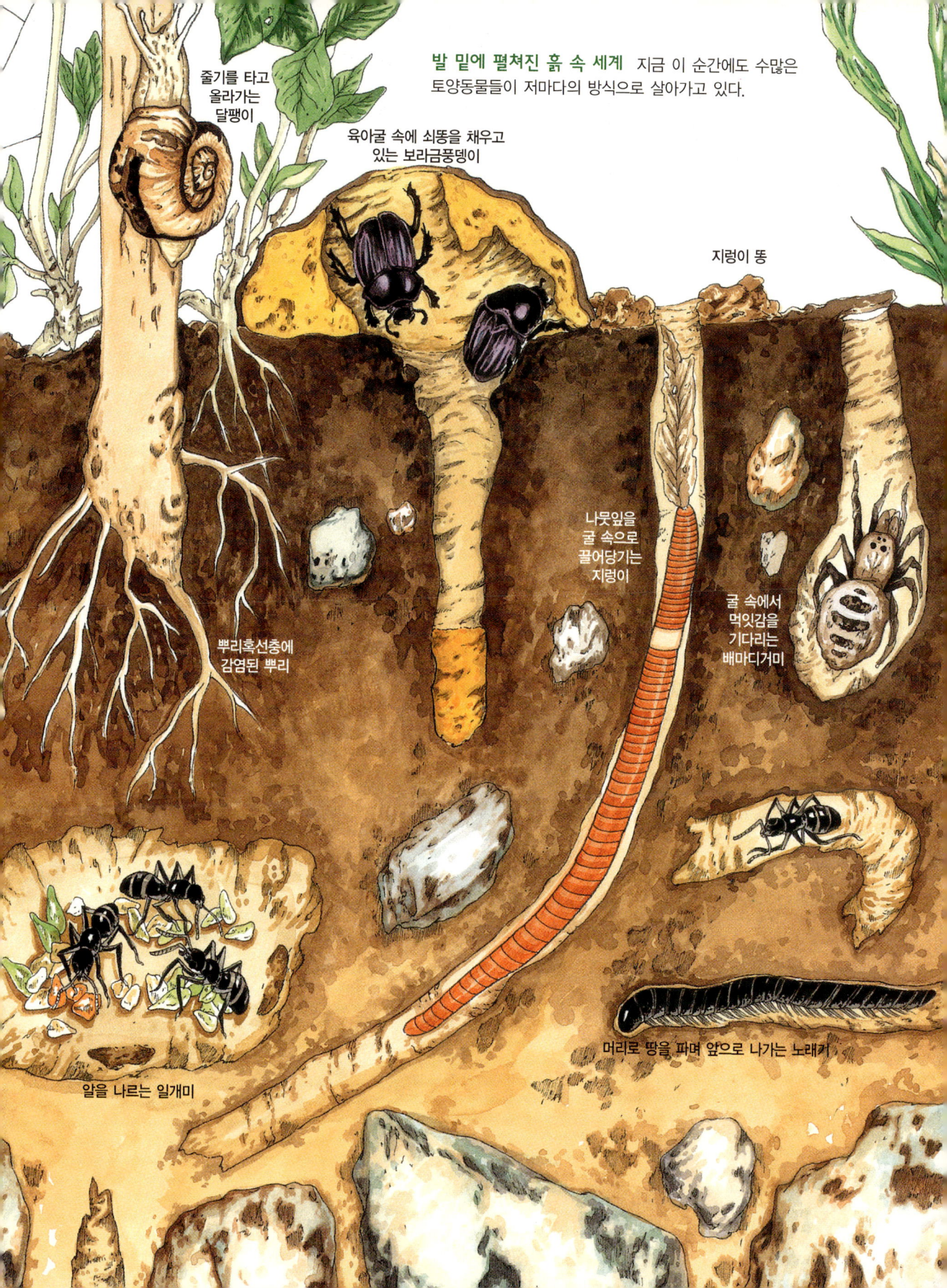

공격해 게걸스럽게 먹어치우는 포식자(다른 동물을 먹이로 하는 동물-옮긴이)의 먹이가 된다. 하지만 누구나 죽는다. 이 포식자까지도 말이다. 그리고 그들의 시체 역시 살아 있는 다른 흙 속 동물의 먹이가 된다.

　우리 발 밑에 펼쳐져 있는 이 세계는, 마치 땅 위의 인간 세계와 아무런 상관도 없는 것처럼 보인다. 하지만 사실은 전혀 그렇지 않다. 농부가 밭에서 쟁기질을 하는 평화로운 모습은 흙 속 세계를 완전히 뒤집어엎는 일이다. 흙 속에서 지내던 수많은 동물들은 공기와 태양빛에 노출되면 얼마 못 가 죽고 만다. 흙의 깊은 층에서 살던 동물들은 쟁기로 흙을 파헤친 탓에 이제 흙 표면 가까이로 올라오게 되었다. 곧장 아래로 내려가지 못하면 이들은 죽을 운명이다. 그러나 한편으로는 사람이 재배하는 작물이 토양동물에게 먹이와 은신처를 제공하기도 한다. 폭우나 가뭄도 흙 속 세계의 섬세한 균형을 깨뜨린다.

　심지어 사람들이 한 발자국 내딛는 걸음조차 수백만 동물들의 삶을 바꾸어 버릴 수 있다. 연약한 굴은 무너져 내리고 기공(흙 알갱이 사이에 공기가 있는 틈-옮긴이)은 오그라든다. 식물은 뭉개져 죽고, 식물 뿌리에 붙어서 살고 있던 동물들도 죽고 만다. 하지만 다른 동물들은 이렇게 죽은 식물들을 양분으로 삼아 다시 태어나고 번성한다.

　사람들이 하는 행동은 스스로 깨닫든 그렇지 못하든 흙 세계에 많은 영향을 준다. 마찬가지로 흙에 사는 생물들의 삶도 사람들이 사는 세계에 중요한 영향을 끼친다. 흙에 뿌리내려 살아가는 식물은 사람들에게 가장 중요한 두 가지를 공급한다. 첫째, 식량을 제공한다. 사람들이 먹는 모든 것은 식물이거나 식물을 먹은 동물이거나, 어쩌면 식물을 먹은 다른 동물을 잡아먹은 동물이다. 둘째, 숨쉬는 데 필요한 산소를 공급한다. 식물은 광합성 작용을 통해 산소를 만들어 낸다. 과학자들은 대기 중에 있는 거의 모든 산소는 살아 있는 식물이 만들어 내는 것이라고 말한다. 만약 식물이 모조리 사라지고 식물을 대체할 다른 무엇을 찾지 못한다면 결국 사람들은 숨을 쉬지 못해 죽게 될 것이다.

바다나 호수, 또는 연못에서 사는 식물도 있다. 하지만 사람들의 식량이 되는 거의 모든 식물, 그리고 대기 중으로 산소를 만들어 내는 수많은 식물은 흙에서 산다. 식물은 사람처럼 음식을 먹지는 않지만, 생명을 유지하는 데 없어서는 안 될 것들이 있다. 식물에게는 물이 꼭 필요하다. 그래서 뿌리를 뻗어 땅에서 물을 빨아들인다. 또한 식물이 특별한 화합물을 만들려면 몇 가지 무기물이 있어야 한다. 식물은 무기물이 자기에게 알맞은 형태로 존재하지 않으면 흡수할 수 없다. 식물에게는 질소도 필요하다. 대기의 5분의 4는 질소 가스로 이루어져 있지만 식물은 공기 중의 질소를 그대로 흡수할 수 없다. 죽은 쥐의 몸에도 질소가 풍부하지만 식물은 그런 종류의 질소 역시 흡수할 수 없다. 복잡한 유기 화합물 속에 갇혀 있기 때문이다. 어떤 토양세균은 공기 중의 질소를 식물이 흡수할 수 있는 간단한 소금 형태의 결정으로 만든다. 또 다른 토양세균은 죽은 식물이나 동물의 유기 화합물에 화학변화를 일으킴으로써 결과적으로 같은 일을 한다. 딱정벌레나 지렁이, 그리고 흙에 사는 다른 작은 동물들은 이런 세균들이 하는 일을 돕는다. 그들은 먹고 배설하는 과정을 통해 죽은 생물들을 더 작은 조각으로 부수어서 세균들이 좀 더 쉽게 작업할 수 있도록 해 준다.

토양동물과 토양세균은 죽은 식물과 동물의 잔해들을 분해시켜 '부식물'로 바꾼다. 부식물은 아주 복잡한 물질이다. 그 속에는 식물의 잎과 줄기의 섬유질과 동물의 유기물이 분해가 덜 된 채 섞여 있다. 부식물은 흙을 거무

- 낙엽층 : 땅의 표면. 낙엽, 죽은 동식물이 쌓이지만 아직 부식되지는 않은 부분이다.
- 부식층 : 낙엽층을 이루고 있는 물질이 어느 정도 부식된 부분으로, 원래 무엇이었는지 알 수 있을 정도다.
- 표층토 : 부식층에서 만들어진 유기물과 더 깊은 땅 속 모암층에서 만들어진 무기물이 섞여 있다.
- 하층토 : 유기물은 아주 적고 무기물이 많다. 부식물이 섞이지 않아 토양 고유의 색을 띈다.
- 모재층 : 모암층이 풍화작용을 받아 부스러지기 시작하는 부분이다. 유기물이 없다.
- 모암층 : 토양의 맨 아랫부분을 이루고 있는 바위층이다. 풍화작용을 받지 않은 상태이다.

토양층위 건강한 토양은 여러 가지 성질이 다른 흙이 층을 이루며 쌓여 있다.

스름하게 만들며, 모래 알갱이와 고운 점토를 잘 뭉쳐 주어서 흙을 보슬보슬하게 만든다.

거의 모든 부식물은 흙의 맨 위층에 암석 조각들과 섞여 있다. 이 부분을 '부식층'이라고 하는데, 그 두께는 2~5센티미터 또는 30센티미터 정도 된다. 부식층 아래의 흙은 아래로 내려갈수록 유기물이 적어지고 좀 더 큰 돌과 바위로 이루어져 있다. 식물의 뿌리는 대게 부식층에 뻗어 있으며, 흙알갱이에 붙어 있는 미세한 물방울들을 흡수하거나 흙 속 물에 녹아 있는 무기물을 빨아들인다. 다양한 동물들이 많이 사는 흙일수록 부식물과 무기물이 풍부하다. 반면에 동물들의 개체군이 희박한 흙일수록 메마르고 딱딱하게 굳어 있어 대부분의 식물이 살 수 없다.

수천 마리쯤 모여야 겨우 바늘 끝 만큼의 면적을 차지할 정도로 작은 세균부터 쥐, 두더지, 고슴도치 같은 사나운 포유동물에 이르기까지 흙에 사는 동물들은 무척 다양하다. 이 책에서는 진드기부터 딱정벌레나 지렁이까지 중간 크기의 토양동물을 중심으로 살펴볼 것이다. 그러므로 토양세균이나 단세포로 이루어진 원생동물을 볼 때처럼 성능 좋은 현미경은 없어도 된다. 하지만 확대경은 아주 작아서 맨눈으로는 자세히 볼 수 없는 여러 가지 재미난 것들을 발견하는 데 도움이 된다.

채집한 흙 표본에 따라 발견할 수 있는 토양동물의 종류는 크게 달라진다. 심지어 같은 정원이라고 해도 군데군데 여러 곳에서 흙을 채집했다면 그 속에서 찾아볼 수 있는 동물은 차이가 난다. 수분의 양이나 무기물의 종류, 자라는 식물들 따위의 조건에 따라 그 곳에서 살아갈 수 있는 동물의 종이 달라진다. 하지만 세계의 기후대를 통틀어 거의 모든 흙에서 쉽게 볼 수 있는 동물 무리들이 있다. 영국이든 중국이든 아르헨티나든 미국 중부든 대한민국이든 이 책에서 만나는 동물들은 여러분이 뒤뜰이나 공원, 들판, 숲에서 흙을 퍼올리면 언제든 만날 수 있는 것들이다.

지금 이 순간에도 여러분 발 밑에는 누군가의 탐험을 기다리는 미지의 세계가 감추어져 있다.

채집과 관찰

　흙을 한 삽 뜨면 그 속에서 얼마나 많은 동물들을 발견할 수 있을지 생각해 보자. 열 마리, 아니면 100마리쯤?

　산책을 하거나 뜰을 파헤칠 때 아마도 토양동물 몇 마리쯤은 눈에 띄었을 것이다. 돌멩이를 뒤집는 순간 허둥지둥 달아나는 딱정벌레, 땅바닥의 구멍에서 개똥지빠귀가 힘껏 끌어 내고 있는 지렁이, 살짝 건드리면 몸뚱이를 공처럼 돌돌 마는 공벌레를 보았을 수도 있다. 어쩌면 뿌리에 달라붙어 사는 작고 하얀 벌레 무리를 찾아보려고 화분의 식물을 뽑아 보았을지도 모른다. 흙 속에는 분명히 생명이 있다. 하지만 단 한 삽의 흙 속에 몇백만 마리나 되는 동물들이 살고 있다면 믿을 수 있겠는가? 너무 작아서 고성능 현미경 없이는 볼 수도 없는 작은 단세포동물은 굳이 헤아리지 않고도 말이다.

　흙을 한 줌 집어서 종이 위에 흩뿌리고 재빨리 확대경으로 표면을 살펴보기만 해도 몇몇 토양동물들을 볼 수 있다. 잠깐 동안이긴 해도, 다리를 버둥거리고 더듬이를 흔들어 대는 희뿌옇고 작은 동물들이 흙 알갱이 사이에서 우글거린다. 그들은 곧 지상 세계의 빛과 건조함을 피해 흙덩어리에

나 있는 틈으로 미끄러져 사라진다. 좀 더 큰 동물들, 예를 들어 딱정벌레나 지렁이를 종이컵으로 담아 올릴 수도 있다(손가락으로 집어 올릴 수도 있지만 채집한 동물이 무는 경우도 있으므로 주의해야 한다). 그보다 조금 작은 동물들은 아래 그림과 같은 흡충관으로 잡으면 된다. 하지만 몇 마리 주워 담기도 전에 토양동물들 대부분이 감쪽같이 사라져 버릴 것이다.

흙 표본을 체에 쏟은 다음 종이 위에서 가볍게 흔들면 다른 토양동물들도 잡을 수 있다. 작은 동물들이 체의 눈 사이로 빠져 나가 종이 위로 떨어진다. 아마 처음에는 깜짝 놀라겠지만 이내 꼼짝않고 가만히 있을 것이다. 하지만 그 순간 녀석들은 도망칠 궁리를 하고 있을지도 모른다. 동물들이 움직여 준다면 좀 더 눈에 잘 띈다. 이 때 붓이나 핀셋으로 집어 올리거나

체와 흡충관 크기가 2~20mm 정도 되는 큰 토양동물을 채집하는 도구이다. 고무관을 동물에게 겨냥하고서 다른 쪽 빨대로 공기를 빨아들이면 딱정벌레나 거미, 개미, 노래기, 지네 등을 병 속에 잡아넣을 수 있다.

손가락 끝에 침을 묻혀 조심스럽게 들어올리면 된다. 큼직한 흰 종이 한 장이면 토양동물의 짙은 색 몸뚱이를 아주 쉽게 관찰할 수 있다. 하지만 조금 깊은 곳에 사는 토양동물은 몸 빛깔이 희끄무레해서 놓치기 쉬우므로 어두운 색 종이를 깔아 두는 편이 낫다.

흙을 연구하는 과학자들은 아주 작은 토양동물을 잡는 여러 가지 장치를 발명해서 종을 분류하고 연구하는 데 사용한다. 과학자들이 사용하는 장치 중에는 흡충관처럼 누구나 직접 만들 수 있을 만큼 단순한 것도 있다.

대부분의 곤충과 그 밖의 작은 토양동물들은 툴그렌 장치로 잡을 수 있다. 아래 그림에 나타나 있듯이 모양은 아주 단순하다. 깔때기 위에 체를 올리고 흙 표본을 살며시 얹는다. 깔때기 아래에는 물에 적신 압지를 깔아 두거나(동물들을 산 채로 잡으려면 습도를 유지해야 한다), 물이나 알코올을 가득 채운 유리병을 놓는다(동물들을 액체에 뜨게 하면 종류별로 나누어 셀 때 집어내기 쉽다). 이 장치 위에 전등을 설치하고 그 열로 흙을 마르게 한다. 전등에서 가까운 흙의 맨 윗부분이 가장 먼저 마른다. 작은 토양동물은 대부분 흙 알갱이들을 둘러싸고 있는 수분층에서 산다. 만약 이 수분층이 너무 마르면 동물들은 죽고 만다. 흙이 점점 마르기 시작하면 굴을 팔 수 있는 동물들은 아직 촉촉한 흙을 찾아 아래로 내려갈 것이다. 마침내 흙의 바닥에 도착하는 순간

툴그렌 장치 체와 흡충관으로는 채집하기 어려운 중형 토양동물을 잡는 도구이다. 주로 응애와 톡토기를 잡을 수 있다.

체의 눈으로 빠져서 깔때기를 거쳐 채집병 안으로 떨어진다.

툴그렌 장치를 이용할 때에는 채집한 흙덩이를 바스러뜨리지 않도록 조심해야 한다. 흙덩이가 부서지면 그 속에 있던 동물들이 다치거나, 순식간에 말라 버리는 '흙의 섬'에 갇힐 위험이 있기 때문이다. 그러므로 흙덩이를 조심스럽게 꺼내 뒤집어서 체 위에 살짝 얹어 놓아야 한다. 그러면 흙 표면 가까이 있던 동물들이 쉽게 밖으로 나올 수 있다(만약 떠낸 그대로 놓는다면 동물들은 흙덩이 전체를 관통하는 굴을 뚫어야만 한다. 게다가 흙 표면에 사는 많은 동물들은 굴을 뚫지 못한다). 전등도 흙과 너무 가까이 두면 안 된다. 흙이 마르는 속도가 너무 빠르면 달아날 시간이 충분하지 않아 죽게 된다. 또한 동물들을 산 채로 모을 생각이라면 채집병에서 재빨리 꺼내야 한다. 그러지 않으면 동물들끼리 서로 잡아먹고 말 것이다.

툴그렌 장치로는 선충을 잡을 수 없다. 흙이 마르면 선충은 몸을 오그리고 휴식 상태에 들어간다. 그러다가 비가 와서 다시 흙을 적시면 활동하기 시작한다. 선충을 포함한 선형동물을 채집할 때는 베어만 장치라고 하는 특별한 기구를 이용한다. 가장 단순한 형태는 깔때기에 고무관을 끼워 만든 것이다. 고무관

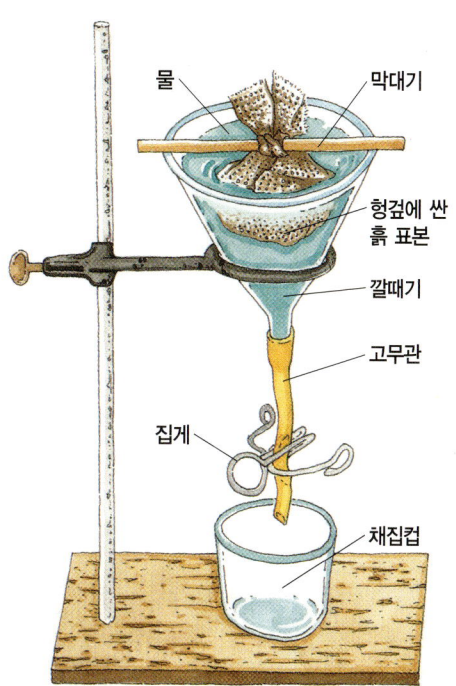

베어만 장치 대부분의 토양동물은 툴그렌 장치로 채집할 수 있다. 그러나 흙이 건조해지면 이동하지 않는 선충이나 애지렁이 등은 이러한 습식 추출 장치를 이용해야 한다.

끝은 집게로 집어서 막아 둔다. 먼저 채집한 흙 표본을 올이 굵은 헝겊에 싸서 깔때기 안에 넣는다. 이 때 막대기 같은 것으로 걸쳐 두는 게 좋다. 그리고 흙이 완전히 잠기도록 물을 붓는다. 선충은 물을 좋아한다. 그리고 몸이 물보다 무겁다. 그래서 헝겊을 비집고 나와 깔때기 아래쪽으로 가라앉는다. 며칠 뒤 고무관 아래에 채집 컵을 받치고 집게를 풀면 물이 흘러나온다. 이 물에 대부분의 선충이 섞여 있다.

딱정벌레나 지네 같은 동물은 흙 표면에서 아주 활발하게 활동하지만, 채집한 흙 표본 속에는 한 마리도 없을지 모른다. 이런 토양동물은 먹이함정을 설치해 잡는 게 손쉽다. 먹이함정 역시 아래 그림처럼 아주 단순한 장치이다. 양철 깡통이나 유리병을 땅 속에 묻는데, 이 때 입구의 높이가 흙 표면과 같도록 한다. 곤충이나 작은 동물들이 흙 표면을 기어 가다가 먹이함정에 빠진다. 함정의 안쪽 면이 미끄럽기 때문에 다시 밖으로 기어 나오지 못한다. 좀 더 복잡한 먹이함정도 만들 수 있다. 채집한 동물들을 새들이 채 가지 못하게 함정 입구에 깔때기를 씌우고 비가 올 경우를 대비해 바닥에 물 빠지는 구멍을 뚫어 놓는 것이다. 또한 함정 안에 알코올을 부어 놓으면 빠져든 동물들이 죽기 때문에 서로 먹어치우는 일은 막을 수 있다.

흙 표본을 모을 때 되도록 환경이 다른 곳에서, 다양한 흙 표본을

먹이함정 땅에 묻은 병 속에 썩은 고기 따위의 먹이를 넣어 두고 유인하는 방법이다. 주로 반날개, 송장벌레, 풍뎅이붙이 같은 딱정벌레류를 채집할 때 사용한다.

현장에서 채집하기

지렁이, 노래기, 지네, 쥐며느리, 곤충의 애벌레, 거미 등과 같이 맨눈으로도 구별할 수 있을 정도로 큰 토양동물들을 야외에서 채집하려면 아래 그림과 같은 도구들이 필요하다. 채집 순서는 조사할 지점을 먼저 정하는데, 되도록 평평한 곳이 좋다. 그러고 나서 조사 지점에 사는 식물이나 환경을 기록한다. 조사하는 날의 날씨나 기온, 조사 시간 등도 기록해 둔다. 나무젓가락과 줄끈으로 정사각형의 구획을 정하고, 그 구획 안에 있는 흙을 깊이 20센티미터 정도 파서 체로 친다. 체 아래로 떨어지는 동물 중에서 큰 것은 핀셋으로, 작은 것은 흡충관으로 잡는다.

채집 도구

① 흡충관 : 손이나 핀셋으로 집을 수 없는 작은 동물을 채집할 때 쓴다.
② 알코올병 : 채집한 동물을 넣는다.
③ 모종삽 : 흙을 파낼 때 쓴다. 한 번에 20cm 정도의 깊이로 땅을 팔 수 있어야 한다.
④ 나무젓가락과 줄끈 : 나무젓가락 네 개를 땅에 네모지게 꽂아서 가로 세로 50cm의 채집 구획을 정한다.
⑤ 접는 자 : 토양의 깊이, 채집 구획의 둘레를 재는 데 쓴다.
⑥ 칼 : 식물의 뿌리를 잘라 내거나 낙엽층을 가르는 데 쓴다.
⑦ 핀셋과 붓 : 핀셋은 끝이 뾰족하고 길이가 12cm 정도 되는 것이 좋다. 아주 작고 연약한 동물은 붓으로 옮긴다.
⑧ 전지가위 : 식물의 뿌리나 죽은 가지를 자르는 데 쓴다.
⑨ 비닐 주머니 : 가로 40cm, 세로 50cm 정도 되는 것으로 두 장 이상 준비한다.
⑩ 체 : 채집한 흙이나 낙엽을 넣고 친다. 체 눈의 크기는 5~10mm 정도가 알맞다. 플라스틱 소쿠리도 괜찮다.
⑪ 흙받침 : 체로 흙을 칠 때 아래에 받쳐 둔다.

모으면 더 많은 토양동물을 관찰할 수 있다. 들판, 정원, 숲, 오솔길, 그늘진 곳과 양지바른 곳, 바위나 쓰러진 통나무 아래, 낙엽 더미 아래, 건조한 땅이나 축축한 개울 둑, 깊이가 제각각 다른 땅처럼 말이다. 흙의 종류에 따라 그에 맞는 동물들이 살고 있으며, 같은 동물이라고 해도 어떤 흙에서는 훨씬 더 많은 수가 살기도 하기 때문이다.

토양동물을 연구하는 가장 흥미로운 방법 가운데 하나는 옆면이 유리로 된 상자에 흙을 넣고 입구를 막는 것이다. 관찰할 때 말고는 유리 상자를 어두운 곳에 놓아 둔다. 붉은색 등을 켜 놓으면 동물들은 여전히 어둡다고 느낄 것이다. 왜냐하면 토양동물 대부분이 붉은색을 느끼지 못하기 때문이다. 유리를 통해 토양동물들이 서로 어우러져 살아가는 모습(사냥하기, 잡아먹기, 사랑하기, 새끼키우기)을 관찰할 수 있다. 확대경이나 현미경으로 좀 더 작은 동물들의 활동을 관찰할 수도 있고, 사진도 찍을 수 있다.

작은 곤충이나 다른 토양동물을 직접 기르고 싶다면 왼쪽 그림과 같은 둥지 세트를 만들면 된다. 상자 안에 두께가 4~5센티미터쯤 되도록 석고 반죽을 쏟아 부어 네모난 틀을 만들고 완전히 굳기 전에 표면에 현미경 슬

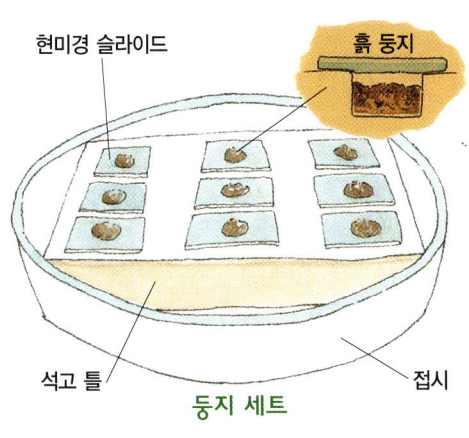

둥지 세트

라이드를 줄줄이 박는다. 석고 반죽이 굳으면 슬라이드를 떼어 내고 알맞은 크기로 구멍을 판다. 이 구멍마다 흙을 조금씩 넣고 기르고 싶은 동물을 넣은 다음 현미경 슬라이드로 구멍을 다시 덮으면 둥지가 완성된다. 토양동물들을 그대로 둔 채 흙의 습도를 고

르게 유지하려면 석고 틀을 우묵한 사발 안에 놓고 물을 조금씩 뿌려 주면 된다.

 토양동물로 여러 가지 재미있는 실험을 할 수도 있다. 동물에게 빛을 쪼인다거나 동물이 있는 상자 또는 유리병에 물에 적신 탈지면을 넣고서 관찰하는 것이다. 그러면 그 동물이 빛이나 수분이 있는 쪽으로 다가가는지 그 곳에서 멀어지려고 하는지 알 수 있다. 여러 가지 음식으로 실험을 하면 동물마다 어떤 먹이를 가장 좋아하는지 알아낼 수도 있다. 동물이 무엇에 관심을 갖는지 알게 되면 몇 가지 '지능 검사'도 할 수 있다. 단순한 문제들을 푸는 방법을 배울 능력이 있는지 확인해 보는 것이다.

 예를 들어 지렁이가 빛을 피해 어두운 곳을 찾는다는 사실을 여러분이 알게 되었다고 가정해 보자. 새총 모양의 작은 상자를 만들어 갈라진 가지 한쪽 끝에 구멍을 뚫는다. 구멍에 손전등을 비추고 손잡이 맨 아래에 해당하는 곳에 지렁이를 둔다. 지렁이가 두 갈래 길에 이르면 대개 어두운 가지 쪽으로 기어간다. 그런데 만약 손전등을 비추는 가지 쪽에 먹이를 놓아 두면 어떤 일이 일어날까? 먹이를 먹으려고 지렁이가 밝은 쪽으로 기어갈지도 모른다. 지렁이가 빛이 있는 가지 쪽으로 올 때마다 먹이를 준다면 지렁이는 먹이가 없어도 자연적인 본능을 거슬러서 빛을 향해 갈지도 모른다.

 이런 실험을 통해 과학자들은 동물의 습성, 요구, 능력에 관한 것들을 배워 왔다. 하지만 아직도 흙 속 동물 세계의 많은 부분들은 미지의 영역으로 남아 있다. 심심풀이로 마당을 파헤치다가 도감에도 없는 낯선 동물들을 발견할 수도 있고, 다른 사람들은 본 적 없는, 동물의 특별한 습성을 관찰할 수도 있는 것이다.

지렁이
– 흙 세계의 건축가

　대부분의 사람들은 찰스 다윈이 '진화론'(지구상의 수많은 생명체가 어떻게 진화해 왔는지를 설명하는 학설)을 정립했다는 사실을 알고 있다. 그런데 다윈이 지렁이에 푹 빠져 몇 년 동안 지렁이를 연구했다는 사실을 아는 사람은 거의 없다. 다윈은 늘그막에 자기를 찾아오는 사람들에게 재미있는 실험을 보여 주었다. 다윈의 피아노 위에는 화분들이 줄지어 있었다. 화분마다 흙이 채워져 있었고 거기엔 지렁이가 한 마리씩 들어 있었다. 저녁때면 지렁이들은 낙엽을 구하러 흙 표면으로 기어 올라왔다. 다윈은 애완벌레들이 흙 표면을 기어다니고 있을 때 피아노 건반을 눌렀다. 높은 음을 칠 때는 별다른 일이 일어나지 않았다. 그러나 낮은 음을 치자 모든 지렁이들이 순식간에 굴 속으로 사라졌다.

　이 놀라운 실험은 지렁이의 생태에 관해 많은 것을 알려 준다. 다윈이 실험했던 그런 보통 지렁이는 흙 속에 U자 모양의 굴을 만들어 산다. 밤이 되면 지렁이는 흙 표면으로 올라와 낙엽이나 잔가지를 모아 자기 굴로 가지고 내려간다. 지렁이는 이 식물성 물질로 굴의 형태를 잡거나 출입구를 틀어막는다. 그리고 그 가운데 일부는 먹는다. 지렁이는 미생물이 어느 정도 분해해 놓아 먹기 편한 오래된 낙엽을 좋아한다. 그러나 떨어진 지 얼마

되지 않은 신선한 잎은 자기 몸에서 만들어 낸 점액으로 적신다. 이 점액에는 먹이를 부드럽게 만들고 소화를 돕는 화합물이 들어 있다. 이제 지렁이는 잎을 조각내거나 핥다가 나중에 삼킨다. 이 때 모래알을 함께 삼켜서 먹은 음식이 위에서 잘 부스러지도록 한다. 어떤 종류의 지렁이는 먹이를 찾으러 흙 표면으로 올라오지 않는다. 이 지렁이들은 흙 속에 있는 식물성 물질을 먹고산다.

지렁이가 밤에만 굴 밖으로 나오는 데에는 그럴 만한 이유가 있다. 이 동물은 태양의 자외선에 아주 민감하다. 만약 굴 밖에 나와 자외선을 쬔다면, 곧바로 마비가 와서 움직이지 못한다. 불행하게도 이런 상황은 지렁이에게 죽음을 뜻한다. 공기가 지렁이의 피부를 건조시켜 버리기 때문이다. 지렁이는 얇고 부드러운 피부로 숨을 쉬는데, 피부가 수분층으로 덮여 있지 않으면 숨을 쉴 수 없다.

지렁이의 형태 지렁이의 몸은 양 끝이 조금 가느다란, 긴 원통 모양이다. 종류에 따라 수십 내지 수백 개의 체절로 이루어져 있고, 몸의 앞쪽에 환대가 있다. 피부에는 각 체절마다 센털이 나 있다.

지렁이는 흙 속에 굴을 파는데, 그 곳은 대개 수분이 풍부하다. 흙 알갱이 사이의 작은 틈에는 비가 온 뒤로도 오랫동안 물방울이 달라붙어 있기 때문이다. 가뭄이 들어도 지렁이와 다른 토양동물들은 좀 더 깊은 곳으로 내려가서 수분을 충분히 얻을 수 있다. 지렁이가 살아가는 데 많은 양의 수분이 필요하긴 하지만, 그렇다고 물이 지나치게 많은 것도 썩 좋지는 않다. 폭우가 쏟아져 지렁이 굴로 물줄기가 흘러내려간 뒤 물이 제때 빠지지 않으면 지렁이는 꼼짝없이 익사하고 만다. 가까스로 흙 표면으로 기어 올라와서 익사할 위험은 피한다고 해도 햇빛에 드러나 죽을 수도 있다. 비구름이 하늘을 뒤덮고 있을 때조차도 자외선은 지렁이의 피부를 상하게 할 만큼 강할 수 있기 때문이다.

다윈이 피아노의 낮은 음을 쳤을 때 지렁이들은 왜 쏜살같이 달아났을까? 지렁이는 다른 대부분의 토양동물들처럼 촉각이 예민해서 진동에 아주 민감하다. 다윈의 애완벌레들은 피아노의 낮은 음이 내는 진동을 느낄 수 있었던 것이다. 이러한 촉각은 지렁이가 살고 있는 어둠의 세계에서는 대단히 중요한 것이다. 지렁이는 캄캄한 굴 속에 들어온 적을 볼 수 없다. 게다가 지렁이에게는 눈이 없다(그들이 굴 밖에서 빛과 어둠의 차이를 느끼는 것도 그들이 피부로 '봄으로써' 가능할 뿐이다). 지렁이는 어두운 굴 속에서 적들이 기어오거나 미끄러지거나 재빨리 달리거나 할 때 생기는 진동을 느낄 수 있다.

지렁이는 앞을 볼 수도 없고 사람처럼 듣지도 못하지만, 아주 예민한 감각이 있다. 지렁이는 흙의 화학 성분과 온도 변화에 반응할 수 있는 듯하다(지렁이는 주위 온도가 25℃ 이상 되면 생명이 위태로워질 정도로 열에 약하다-옮긴이). 또한 지렁이는 맛을 보고 종류가 다른 낙엽들을 구별할 수도 있다. 심지어 저마다 좋아하는 것이 있어서 여러 가지 낙엽을 준다 해도 자기가 가장 좋아하는 한 종류만 먹는다.

지렁이의 몸은 가늘고 긴 원통 모양이며, 다리는 하나도 없다. 지렁이는 독특한 방법으로 흙 속을 헤쳐 나간다. 흙이 무르면 지렁이는 그저 흙덩이를 옆으로 밀어 내며 굴을 판다. 하지만 흙이 단단하면 흙을 조금씩 먹어치우면서 앞으로 나아가는데, 입 끝으로는 흙을 삼키고 꼬리 끝으로는 다시 뱉어 낸다. 흙이 지렁이의 몸 속을 지나는 동안 흙에 섞여 있던 영양분은 지렁이 몸에 흡수되며 지렁이 몸에서 만들어진 다양한 유기물이 흙에 더해진다. 그러므로 지렁이의 몸에서 나온 흙, 즉 지렁이 똥은 처음 지렁이가 먹었을 때의 흙과는 조금 다르다.

지렁이는 굴 속에서 몸 앞부분을 쭉 뻗어 이동하는데, 이 때 몸이 길고 가늘어진다. 만약 지렁이가 그 상태로 몸의 나머지 부분을 당기려고 한다

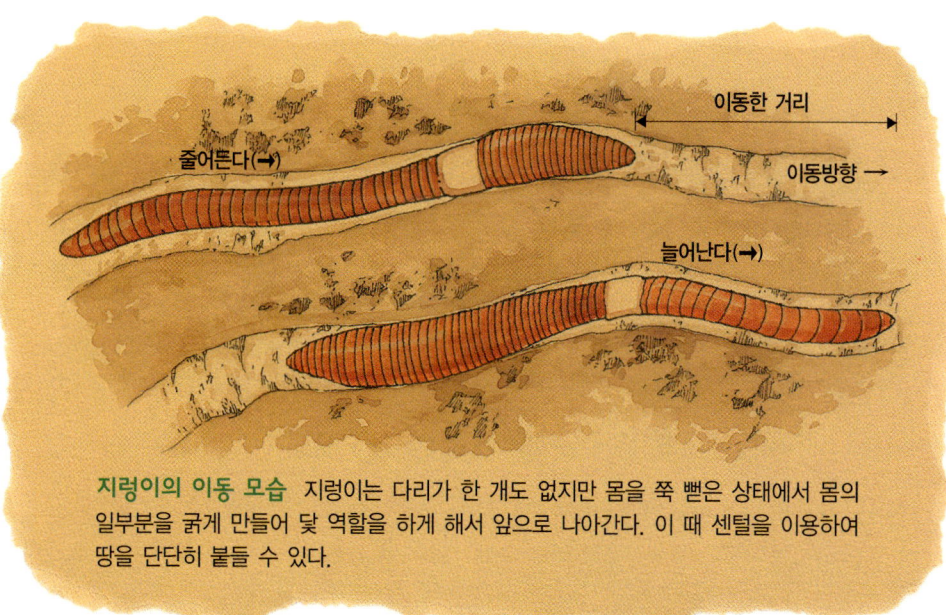

지렁이의 이동 모습 지렁이는 다리가 한 개도 없지만 몸을 쭉 뻗은 상태에서 몸의 일부분을 굵게 만들어 닻 역할을 하게 해서 앞으로 나아간다. 이 때 센털을 이용하여 땅을 단단히 붙들 수 있다.

면 지렁이는 땅을 붙들 다리가 없기 때문에 그저 뒤로 미끄러지고 말 것이다. 그래서 지렁이는 몸의 앞부분을 부풀려 뚱뚱하게 만든다. 그러고는 뚱뚱한 몸 앞부분을 굴의 통로에 꽉 끼게 한 뒤 몸의 나머지 뒷부분을 끌어당긴다. 이 때 몸에 비죽비죽 나 있는 독특한 센털들이 몸을 굴 바닥에 고정시키는 역할을 한다. 지렁이는 흙 위에서 부드럽게 미끄러지고 싶으면 센털들을 몸 안으로 끌어당긴다. 지렁이는 자기가 가려고 하는 방향에 따라 센털의 기울기를 앞뒤로 조정할 수 있다.

날씨가 따뜻하고 먹을 것과 수분이 충분할 때에는 지렁이가 대개 흙 표면 가까이에 조용히 머문다. 겨울이 다가오면 지렁이는 굴 입구를 막고 깊은 곳으로 기어 내려간다. 지렁이는 종종 흙 속에 파 놓은 굴에서 몇 마리씩 모여 공처럼 몸을 둘둘 말고 함께 겨울을 보내기도 한다.

지렁이는 먹이연쇄의 가장 낮은 단계에 속한다. 그래서 여러 동물의 먹이가 된다. 두더지는 지렁이를 쫓아 굴을 뚫으며, 스컹크는 굴에 있는 지렁이를 파낸다. 민달팽이처럼 비교적 작은 토양동물도 지렁이를 해친다. 딱정벌레 역시 지렁이에게는 무서운 천적이다. 새 중에서도 특히 부엉이와 개똥지빠귀는 지렁이를 엄청나게 먹어치우며 자기 새끼들에게도 먹이로 잡아다 준다. 사람들이 자연계에 간섭을 하면 예기치 못한 결과를 불러 올 수도 있다. 미국의 어느 지방에서는 나무좀(나무를 파먹는 벌레-옮긴이)을 죽이려고 느릅나무에 살충제를 뿌린 적이 있었다. 가을이 되어 땅에 떨어진 느릅나무 잎에는 독이 그득했다. 지렁이들은 떨어진 잎을 굴 속으로 끌어당겨 먹어치웠다. 그 독은 지렁이에게 아무런 해를 끼치지 않는 것처럼 보였다. 하지만, 잎을 먹을수록 지렁이 몸 속에는 독이 차곡차곡 쌓여 갔다. 봄이 되자 개똥지빠귀들이 돌아와 독이 가득한 지렁이를 먹었다. 얼마 지나지 않아 개똥지빠귀들은 죽고 말았다.

 몸이 부드러운 지렁이에게는 적에 대항하는 독특한 방어 능력이 있다. 만약 포식자가 몸의 일부분을 물어뜯는다 하더라도 남은 부분을 꿈틀거리며 안전하게 도망칠 수 있다. 그리고 어느 부분이 잘려 나갔느냐에 따라 몸이 다시 자라날 수도 있다. 많은 사람들이 이런 생각을 한다. 만약에 지렁이를 반으로 자르면 떨어져 나간 부분만큼 몸이 다시 자라나서 두 마리의 새로운 지렁이가 탄생하지 않을까. 하지만 꼭 그렇지는 않다. 지렁이의 몸에는 대개 150개 정도의 체절, 즉 마디가 있다. 지렁이는 몸의 앞부분에 있는 첫 열 개 체절 가운데 일부나 전부가 잘려 나가도 그 가운데 네다섯 개 정도는 다시 자라난다. 다른 지렁이들보다 몸 길이가 좀 짧기는 하겠지만 생명에는 전혀 문제가 없다. 매우 놀랄 만한 일이다. 왜냐하면 지렁이의

계절에 따른 지렁이의 활동 모습 따뜻한 시기에 굴을 파며 활발하게 활동하는 모습(왼쪽)과 겨울나기를 하느라 한데 엉켜 있는 모습(오른쪽).

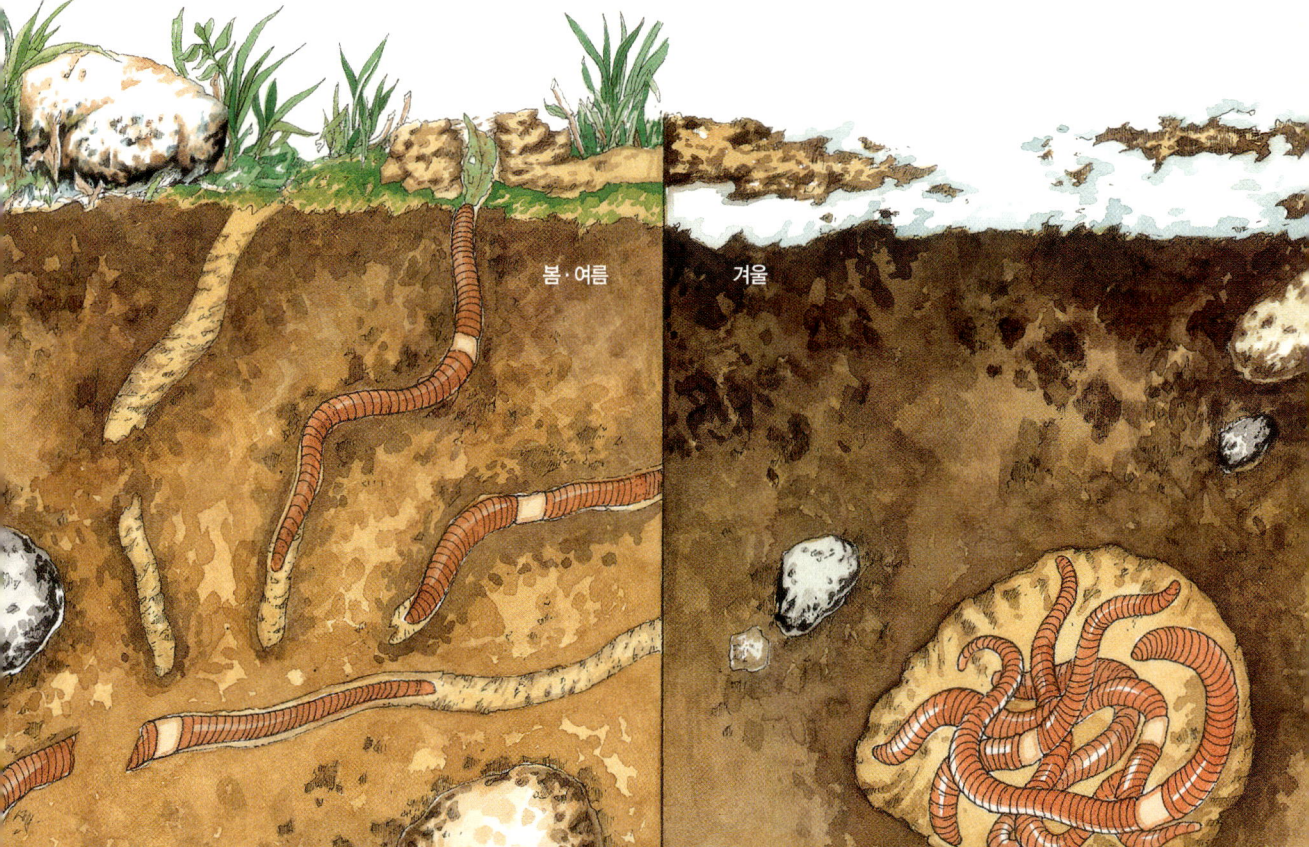

몸 앞부분에는 원래 뇌가 있었기 때문이다. 꼬리 끝은 훨씬 더 잘 재생한다. 하지만 11~36번째 체절이 잘리면 지렁이는 대부분 죽는다.

지렁이는 한 마리가 동시에 암놈도 되고 수놈도 된다. 그렇다고 저 홀로 새끼를 가지지는 못한다. 여느 동물들과 마찬가지로 짝이 있어야 한다. 지렁이 두 마리가 짝짓기를 할 때 그들은 아빠이면서 엄마이기도 하다.

어느 따뜻하고 눅눅한 저녁, 크기가 거의 같은 지렁이 두 마리가 굴 밖으로 나와 흙 표면을 기어가다가 마주친다. 둘은 서로 머리가 반대쪽으로 향하도록 배를 밀착시키고서 몸을 눌러 서로에게 정자를 준다. 그러고는 헤어져 각자 자기 굴로 돌아간다.

지렁이는 자기 짝에게서 받은 정자를 알에 뿌릴 때까지 머리 쪽에 있는 수정낭 안에 저장해 둔다. 짝에게 정자를 받고 나서 1주일 뒤 지렁이는 알을 낳는다. 알을 낳을 때가 되면 환대의 표면에서 분비된 점액이 굳어서 얇은 원통형 막이 만들어진다. 지렁이는 그 막 속에 알을 낳고 꿈틀거리며 반지를 빼듯 막을 머리쪽으로 옮긴다. 막이 머리 부분에 있는 수정낭까지 오

지렁이의 짝짓기와 알낳기 지렁이는 짝짓기를 통해 서로에게 정자를 건네준다. 환대 표면으로 점액을 분비해 막을 만든 뒤 거기다 알을 낳고 짝에게서 받은 정자를 섞는다. 새끼지렁이들은 알주머니에서 부화해 밖으로 나온다.

면 그 속에 짝짓기할 때 받았던 정자를 분비해서 알과 섞이게 한다. 막은 계속 벗겨져서 머리에서 떨어져 나오며, 그 때 양쪽 입구가 복주머니처럼 오므라들어서 레몬 모양의 알주머니가 된다.

알주머니 안에서 정자들을 만난 알들은 부화해서 새끼지렁이로 자란다. 그들은 곧 자기 부모들의 축소판이 된다. 새끼지렁이들은 알주머니를 찢고 나와 흙 속에서 자신의 삶을 시작한다.

지렁이는 흙은 물론 그 곳에 사는 생물들에게 많은 영향을 준다. 지렁이는 '자연의 쟁기'이다. 과학자들의 계산에 따르면, 약 4000제곱미터 넓이의 흙에 지렁이가 19만 마리나 살고 있다고 한다. 이 말은 흙을 한 삽 떴을 때 그 속에서 지렁이를 최대 30마리까지 발견할 수 있다는 뜻이다. 물론 흙을 어디에서 퍼 왔는지에 따라 그 수는 달라진다. 지렁이는 정원의 흙에 가장 많고 황무지의 흙에는 가장 적다.

지렁이는 10년 넘게 살 수 있는데, 그 기간 내내 지치지도 않고 굴을 파며 먹이를 찾아 흙 속을 온통 휘젓고 다닌다. 그럼으로써 흙을 파헤쳐 땅이 부드러워지게 하고, 부식물이나 무기물이 흙 알갱이들과 골고루 섞이도록 돕는다. 지렁이가 일구어 놓은 흙은 단단하게 굳은 흙보다 공기가 잘 통하고 수분도 오래 유지된다. 지렁이는 자기보다 몸집이 작은 토양동물에게 집과 먹이를 공급하고 식물이 자라는 데 훨씬 좋은 환경을 만들어 준다.

지렁이는 마치 쟁기질하듯 흙을 갈아엎는다. 어떤 지렁이는 자기 굴 속에 똥을 남겨 두기도 한다. 하지만 지렁이는 대개, 찰스 다윈이 1세기 전에 연구했을 때와 마찬가지로 땅 위로 기어 나와 똥을 버린다. 다윈은 흙 위에 붉은 모래를 두텁게 깔았다. 7년 뒤(자연을 연구하는 과학자들의 인내심과 고집은 가끔 상상을 초월한다) 다윈은 붉은 모래층 위에 5센티미터가 조금 넘

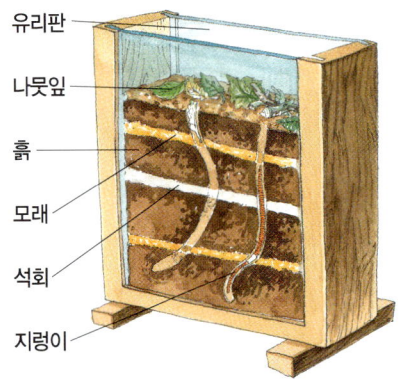

유리판
나뭇잎
흙
모래
석회
지렁이

지렁이 사육 상자 단단한 유리벽은 지렁이들에게 안정감을 준다. 관찰자는 지렁이가 굴을 파거나, 먹이를 먹거나, 짝짓기를 하는 모습을 관찰할 수 있다.

는 두께로 흙이 덮여 있는 것을 발견했다. 지렁이들이 흙을 먹고 눈 똥을 굴 밖에 버려 생긴 것이었다. 5센티미터라는 수치가 별것 아닌 듯하지만, 여러분이 평생 살아가는 동안 지렁이 한 마리가 높이 60센티미터에 이르는 새로운 흙 층을 쌓을 수 있다는 뜻이다.

지렁이는 빛을 싫어하기 때문에 그들을 연구하기가 더욱 어렵다. 게다가 지렁이는 몸 전체가 흙에 닿아 있어야 안심한다. 그래서 자꾸만 비좁은 흙 틈이나 구멍 속으로 기어들어가려고 한다. 과학자들은 그 문제를 풀 수 있는 방법을 찾아냈다. 그들은 투명한 유리판 두 장을 나란히 세운 다음, 그 안에 흙을 채워 지렁이 사육 상자를 만든다. 그러고는 지렁이를 몇 마리 넣고 아주 흐릿한 빛이나 붉은색 빛 속에서 그들을 관찰하는 것이다.

지렁이 사육 상자를 만들면 여러 가지 흥미로운 실험을 할 수 있다. 흙의 맨 꼭대기 층에 다양한 낙엽과 먹이를 놓아 두고서 지렁이가 무엇을 가장 즐겨 먹는지 관찰할 수 있다. 또한 흙 위에 모래를 뿌려 층을 만들고, 다윈이 관찰했던 것처럼 지렁이가 버린 흙이 모래를 차츰 뒤덮어 가는 과정을 지켜볼 수도 있다. 뿐만 아니라 사육 상자 안에 다양한 종류의 토양동물과 식물을 기르면서 지렁이의 활동이 그들의 성장과 번식에 어떤 역할을 하는지 연구할 수도 있다.

선충
－꿈틀거리는 실

　삽으로 퍼올린 흙을 한 숟가락쯤 떠서 펼쳐 놓고 주의 깊게 들여다보면 하얀 실처럼 보이는 자그마한 동물들을 발견할 수 있다. 그들은 바느질하다 남은 실처럼 축 처져 누워 있지는 않는다. 꿈틀거리며 주위를 뒹굴고 다닌다. 이놈들이 바로 선충이다. 선충의 학명 '네마토다(Nematoda)'는 그리스 어로 '실'을 뜻하는 말에서 유래했는데, 생김새가 가느다란 실 꼭 그대로이다.

　우리 발 밑에 있는 흙 속 생태계에는 수많은 선충들이 산다. 흙 한 삽에 선충 수백만 마리가 있을지도 모른다. 실제로 선충의 막대한 개체수를 두고 어떤 동물학자는 기상천외한 상상을 한 적이 있다. 그 동물학자는 어느 글에서, 갑자기 선충을 제외하고 지구상의 모든 물질이 투명해진다 해도, 등골이 오싹하기는 하겠지만 여전히 우리가 사는 주변 환경의 윤곽을 그릴 수는 있다고 썼다. 마치 투명인간이 삼킨 국수 가락을 보는 것처럼 흙 속에 있는 토양선충의 가느다란 몸이 땅의 굴곡을 따라 그 윤곽을 나타내 줄 것이라는 얘기다. 마찬가지로 기생성 선충은 나무, 덤불, 동물, 심지어 사람의 형태까지 보여 줄 것이다.

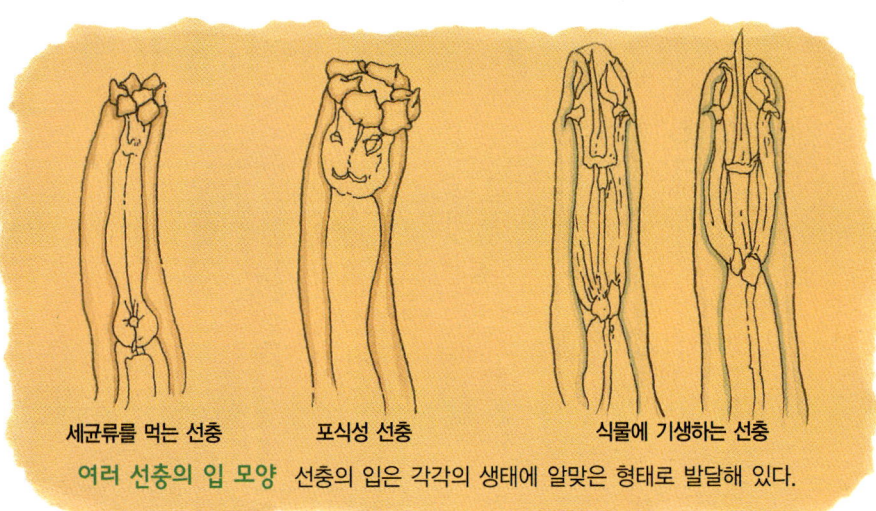

|세균류를 먹는 선충 | 포식성 선충 | 식물에 기생하는 선충|

여러 선충의 입 모양 선충의 입은 각각의 생태에 알맞은 형태로 발달해 있다.

선충은 아주 단순하게 생긴 동물이다. 몸은 길고 가늘며, 양 끝이 뾰족하고, '큐티클(cuticle)'이라는 두껍고 질긴 층이 덮고 있다. 이동하는 데 필요한 효과적인 근육 체계는 그다지 발달해 있지 않다. 그래서 선충은 흙이나 다른 생물의 몸 속 단단한 면에 자기 몸을 대고 밀면서 이동한다. 선충 중에서도 작은 종들은 대개 몸이 투명해서 표피를 통해 내부 기관이 훤히 보인다. 다른 종은 하얗거나 누르스름하다.

입은 선충의 몸 앞쪽 끝에 있다. 먹이의 종류에 따라 핥아먹는 입술이 있거나 잘라 먹는 이빨, 꿰뚫는 구침이 있다.

토양선충은 흙 속에서 다양한 먹이를 먹고산다. 그 중에서 가장 작은 것들은(너무 작아서 50마리를 한 줄로 이어도 겨우 2.5센티미터에 지나지 않는다) 미세한 세균류와 조류(뿌리·줄기·잎 등이 구별되지 않으며 포자로 번식하고 꽃이나 열매를 맺지 않는 하등식물-옮긴이)를 먹고산다. 좀 더 큰 선충은 토양미생물이나 자기보다 작은 선충을 먹이로 삼는다. 이 선충 사냥꾼은 먹이를 자를 수 있는 날카로운 이빨이나 빻을 수 있는 판을 지니고 있다.

　자유롭게 사는 이런 선충들은 대개 흙 표면 아래 5센티미터 이내에서 산다. 선충에게 있어서 흙 표면 가까이에서 살 때 닥치는 가장 심각한 위험 가운데 하나는 몸이 말라 버리는 것이다. 하지만 그런 일이 생기지 않도록 준비를 철저히 해 두고 있다. 자기들이 살고 있는 흙이 너무 건조해지면 선충은 일종의 수면 상태에 빠진다. 피부를 단단한 보호막으로 둘러싸고 그 속에서 오그리고 있는 것이다. 움직이지도 않고 먹지도 않는다. 이렇게 전혀 살아 있는 것 같지 않게 지낸다. 선충이 이처럼 보호 껍질 안에서 안전하게 지내며 휴식을 취할 때 몸이 아주 가볍기 때문에 흙먼지와 함께 바람에 날려 새로운 곳으로 옮겨 가기도 한다. 비가 내릴 때까지 그렇게 지내다 수분이 넉넉해지면 다시 활동하기 시작한다.

　흙 속의 선충들 대부분은 식물이나 동물의 몸 속에서 일정 기간 동안 기생충으로 산다. 예를 들어 뿌리혹선충은 식물의 뿌리, 줄기, 잎을 공격한다. 암컷과 수컷은 그 속에서 먹고 짝짓기하고 엄청난 수의 새끼를 낳는다. 새끼들은 자기가 태어난 식물 속에 그대로 남아 즙을 빨아 먹고 자라 짝짓기를 한다. 다른 어린 뿌리혹선충은 흙 속으로 미끄러져 들어와 흙을 떠돌다 새로운 식물을 공격한다. 많은 뿌리혹선충이 한 식물을 먹이로 삼으면 식물은 시들어 죽고 만다. 농부들은 몇 년 동안 계속해서 같은 곳에 똑같은 작물만 심으면 종종 그것들이 자라면서 병에 걸리는 것을 보아 왔다. 하지만 그 곳에 다른 작물을 심으면 아주 잘 자란다. 그 이유는 작물의 종류에 따라 흙에서 흡수하는 물질이 다르며, 선충은 자기한테 필요한 물질이 있는 식물에만 기생하기 때문이다. 따라서 선충은 주위에 필요한 물질을 가진 식물이 없으면 휴식 상태로 흙 속에서 지내다가 결국 죽음을 맞이할 수

선충의 감염 형태

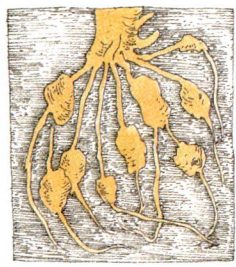

기생성 선충은 뿌리혹 기형의 원인이다.

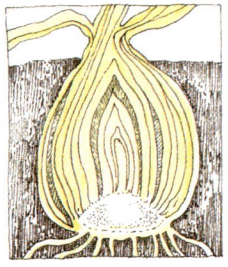

기생성 선충은 양파를 썩게 한다(검은색이 썩은 부위).

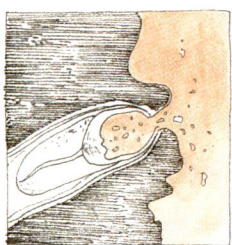

장벽에 입을 대고 체액을 빨아 먹는 십이지장충.

돼지 근육 속에 있는 선모충의 포낭.

밖에 없다. 이러한 이유 때문에 농부들은 같은 땅에 해마다 작물을 바꿔 심는 윤작을 해서 선충이 기생하지 못하도록 한다.

어떤 기생성 선충은 딱정벌레, 지렁이, 그리고 다른 토양동물의 몸 속에서 산다. 또 다른 선충은 큰 동물과 심지어 사람의 몸 속에서 먹고산다. 그들은 자기 숙주(기생 당하는 동식물-옮긴이)의 배설물과 함께 흙에 이르러 잠시 그 곳에 머무르다가 새로운 숙주를 찾는다. 알과 애벌레들은 채소나 다른 음식물에 달라붙어 동물이나 사람의 입을 통해 몸 속으로 들어가거나 빗물에 씻겨서 먹는 물에 섞여 들어가기도 한다. 어떤 기생성 선충은 교묘한 방법으로 숙주를 찾는다. 예를 들어 십이지장충의 애벌레는 흙에 살다가 사람의 발바닥이나 발목을 뚫고 몸 속으로 들어가 새로운 숙주로 삼는다. 그러고는 장에 자리를 잡고 살면서 장벽을 통해 체액을 빨아 먹는다. 바로 얼마 전까지만 해도 재래식 화장실을 이용하고 맨발로 다니는 지역에서는 선충이 주민들의 건강에 적지 않은 문제를 일으켰다.

달팽이와 민달팽이
- 점액 미끄럼쟁이

　최근 몇 년 동안 사람들은 화학 살충제가 생태계에 어떤 영향을 끼치는지에 관심을 기울여 왔다. 이 화학물질은 흙과 물을 오염시키고, 음식물에 남은 살충제의 잔류물은 그것을 먹는 사람들에게 해를 끼치며, 더욱이 작물을 수확하는 농부들의 건강에도 좋지 않다. 과학자들은 땅을 오염시키지 않으면서 농장과 정원의 해충을 없앨 수 있는 효과적인 방제법을 찾으려고 노력해 왔다. 그러는 중에 살충제를 사용하지 않는 유기 농산물이 꾸준히 인기를 얻게 되었다. 매우 어려운 문제라 해도 그 해결책은 의외로 간단할 때가 많다. 예를 들어 노련한 정원사들은 오래 전부터 김빠진 맥주를 채운 얇은 냄비가 민달팽이를 잡는 훌륭한 덫이라는 사실을 알게 되었다. 민달팽이가 맥주 냄새를 맡고 냄비로 기어 올라갔다가 맥주에 빠져 죽기 때문이다.

　달팽이와 민달팽이는 둘 다 연체동물로, 굴이나 대합·문어·오징어와 친척이다. 달팽이와 민달팽이가 속한 그룹을 '복족류'라고 부르는데, 발이 배에 붙어 있다는 뜻이다. 이러한 이름이 붙은 이유는 달팽이나 민달팽이가 움직이는 모습을 보면 바로 알 수 있다. 이놈들은 몸통 바닥을 두르고 있는 크고 평평한 근육질로 된 발을 파도치듯 꿈틀거려서 땅 위를 미끄러져 나간다. 달팽이는 아주 거친 땅에서도 쉽게 미끄러져 갈 수 있는데, 이는 발바닥에서 걸쭉하고 끈끈한 점액이 뿜어 나오기 때문이다. 실제로 달팽이는 날카로운 면도날 위를 상처 하나 입지 않고 미끄러져 나아갈 수 있다. 걸쭉한 점액이 몸을 보호해 주는 까닭이다. 달팽이가 지나간 길에 남은 점액 자국은 흙과 먼지에 뒤덮이기 전까지 반짝이는 띠처럼 길게 이어져 있다.

육산 달팽이(땅에 사는 달팽이-옮긴이)는 바다에 사는 친척들처럼 돌돌 말린 껍데기를 등에 달고 산다. 그들은 몸을 움츠려 껍데기 안으로 완전히 들어갈 수 있으며, 단단한 복족으로 출입구를 막는다. 어떤 육산 달팽이들은 겨울이 되면 나무 줄기나 다른 딱딱한 물체에 껍데기의 입구를 찰싹 붙이고 봄까지 겨울잠을 잔다. 하지만 육산 달팽이의 껍데기는 바다 친척들과는 달리 좀 더 가볍고 쉽게 깨진다.

민달팽이의 모습은 마치 껍데기를 잃어버린 달팽이 같다. 민달팽이는 몸을 죽 뻗어서 가늘게 만들면 흙 속의 좁은 틈이나 굴로 비집고 지나갈 수도 있다.

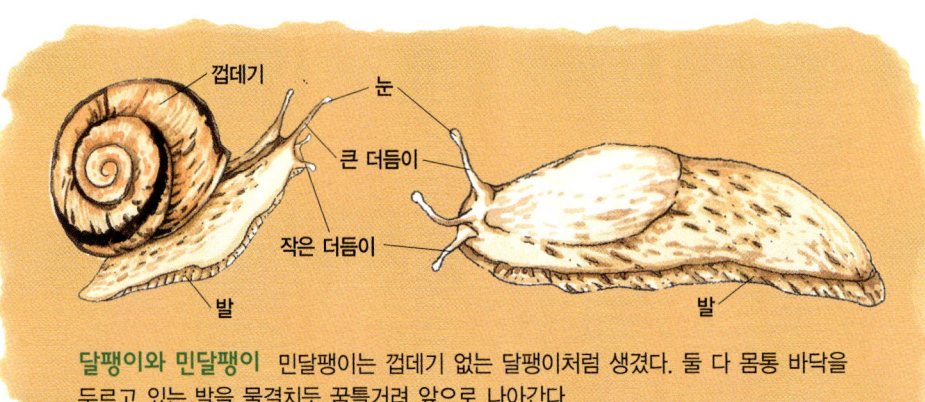

달팽이와 민달팽이 민달팽이는 껍데기 없는 달팽이처럼 생겼다. 둘 다 몸통 바닥을 두르고 있는 발을 물결치듯 꿈틀거려 앞으로 나아간다.

치설로 먹이를 먹는 달팽이 조개를 제외한 모든 연체동물은 이빨과 혀의 기능을 동시에 하는 치설을 지니고 있다. 달팽이의 치설은 그림(오른쪽)과 같이 먹이를 갉아서 식도로 넘기는 역할을 한다.

　육산 달팽이와 민달팽이에게는 눈이 한 쌍 있는데, 머리에서 자라는 길고 가느다란 더듬이 끝에 하나씩 달려 있다. 이것을 '눈자루'라고 하는데, 무엇인가에 닿으면 재빨리 눈을 끌어당겨 안으로 숨긴다. 하지만 적에게 눈자루를 물어뜯긴다고 해도 달팽이나 민달팽이는 남은 삶을 불구의 몸으로 살지는 않는다. 눈자루는 새로 자란다.

　바다 달팽이와 민달팽이는 물고기처럼 아가미로 숨을 쉰다. 하지만 그들의 친척인 육산 달팽이에게는 허파의 기능을 하는 '외투막'이라는 기관이 있어서 사람처럼 공기를 직접 들이마시면서 숨을 쉰다.

　육산 달팽이와 민달팽이는 대부분 채식주의자이다. 그들은 썩은 식물성 물질을 먹은 뒤 배설함으로써 좀 더 작은 조각들로 분해해 흙의 일부로 되돌린다. 또한 살아 있는 식물을 갉아먹어 정원의 해충으로 분류되기도 한다. 육산 달팽이와 민달팽이는 '치설'이라고 하는 이빨이 붙어 있는 혀로 잎과 줄기를 갉아먹는다. 달팽이와 민달팽이는 종류에 따라 치설에 달린 이빨의 모양과 배열이 독특하다. 그래서 과학자들은 치설로 갉은 자국을 보고 달팽이의 종류를 구별하기도 한다.

한꺼번에 다양한 종류의 달팽이를 채집할 수만 있다면 치설 유형은 쉽게 모을 수 있다. 버터를 살짝 녹여 병뚜껑 여러 개에 나누어 붓고서 굳을 때까지 식힌다. 그러면 병뚜껑마다 안쪽에 단단한 지방층이 생긴다. 깨끗이 씻어서 준비한 병에 채집한 달팽이와 민달팽이를 종류별로 따로따로 넣는다. 그리고 지방층이 붙어 있는 뚜껑을 헐겁게 덮어 놓는다. 하루나 이틀 사이에 달팽이가 기어 올라와 지방층을 갉아서 치설 자국을 남긴다.

달팽이와 민달팽이는 키우기 쉬워서 재미있는 실험들을 할 수 있다. 이것 저것 먹이를 주고 달팽이가 먹는 것을 지켜보면서 무엇을 가장 좋아하

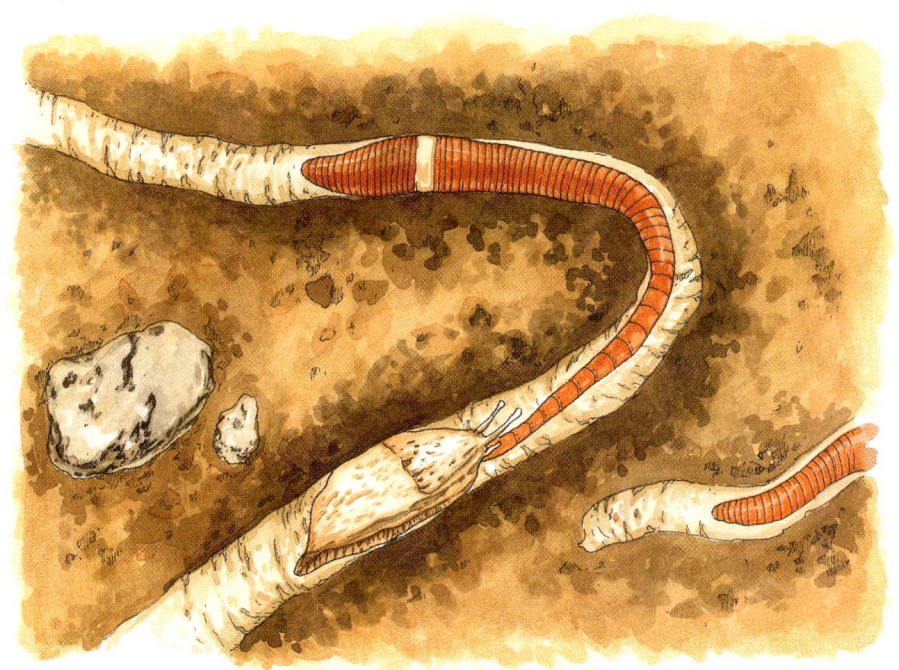

민달팽이와 지렁이의 싸움 어떤 민달팽이는 지렁이를 잡아먹는다.

는지, 얼마나 먹는지, 얼마나 빨리 자라는지 관찰하는 것도 즐거운 실험이 될 것이다. 어떤 놈들은 시든 낙엽만 먹는다. 또 어떤 놈들은 신선한 채소나 새순을 좋아한다. 어떤 달팽이나 민달팽이는 고기를 먹기도 한다. 사실 대부분의 육상 연체동물은 채식주의자이지만, 종에 따라서 잡식성이나 포식성(동물이 다른 종의 동물을 잡아먹는 것-옮긴이)이기도 하다. 예를 들어 민달팽이 가운데 어떤 종은 지렁이 사냥꾼이다. 그놈은 몸을 가늘고 길게 늘여 가까스로 지렁이 굴에 들어가서는 자기가 좋아하는 먹이를 찾아다닌다. 이 민달팽이의 치설에는 지렁이의 부드러운 몸을 물 수 있는 큰 이빨이 달려 있다. 민달팽이는 굴에서 지렁이를 만나면 몸통의 끄트머리를 덥석 물고서 격렬하게 줄다리기를 한다. 지렁이는 최대한 몸을 수축시켜 민달팽이를 떼내려고 한다. 하지만 민달팽이도 꽉 물고는 마찬가지로 몸을 수축시킨다. 지렁이가 민달팽이보다 더 크다면 침입자를 굴 속에서 끌고 다닐 수 있을지도 모르지만, 민달팽이는 지렁이가 그렇게 하도록 내버려 두지 않는다. 이 민달팽이는 지렁이를 좋아하기는 하지만 다른 토양동물들도 먹을 수 있고(심지어 다른 민달팽이까지도 먹는다) 땅 위에 있는 먹잇감을 사냥하러 굴 밖으로 나가기도 한다.

과학자들은 농작물에 피해를 주는 골칫거리인 달팽이를 막을 만한 방법을 찾으려고 노력했다. 그들은 달팽이의 가장 무서운 천적은 다름아닌 포식성 달팽이라는 사실을 알아 냈다. 과학자들은 포식성 달팽이를 많이 키워서 들판에 풀어 놓으면 골칫거리가 싹 사라질 거라고 기대하고 있다.

달팽이와 민달팽이에게는 수많은 천적들이 있다. 새나 쥐, 그리고 숲과 들판에서 살아가는 다양한 동물들에게는 그들이 입맛 당기는 한 입 거리 간식인 것이다. 다른 토양동물들도 그들을 먹고산다. 거미의 친척인 장님

달팽이의 짝짓기와 알낳기

짝짓기 : 주로 6~8월에 비오는 날 짝짓기를 한다.

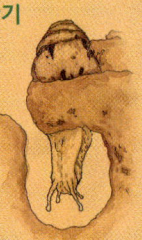
구덩이 파기 : 알을 낳을 구덩이를 한 시간에 걸쳐 3~5센티미터 정도 판다.

알 낳기 : 머리 옆에 있는 생식공으로 70여 개의 알을 30분 간격으로 약 35시간 동안 낳는다.

부화 : 20일쯤 지나면 새끼달팽이들이 껍데기를 단 채 알을 깨고 나온다.

거미류 가운데 통거미는 달팽이만 먹는다. 통거미의 암컷은 날카로운 턱으로 달팽이를 잡아먹은 뒤 텅 빈 껍데기 안에 알을 낳는다. 멋쟁이딱정벌레나 홍단딱정벌레 등도 달팽이를 먹는데, 턱으로 껍데기를 깨뜨리거나 껍데기 속으로 길고 뾰족한 입을 집어넣어 먹어치운다. 애반딧불이의 애벌레 또한 주로 달팽이를 먹고산다.

달팽이의 짝짓기는 매력적이다. 지렁이와 마찬가지로 이 동물들도 암수한몸이다. 다시 말해 각각 암컷인 동시에 수컷이라는 뜻이다. 달팽이는 이른 아침이나 저녁에 짝짓기를 하러 흙 표면으로 올라온다. 그들은 서로의 점액을 먹고 서로 몸을 휘감는다. 달팽이는 각각 아빠가 되어 서로의 몸으로 정자를 옮긴다. 몇 주 내에 이 두 달팽이는 이제 엄마가 되어 흙에 진줏빛이 도는 흰색 알을 몇십 개씩 낳는다. 채 한 달이 지나지 않아 제 부모의 축소판 같은 새끼달팽이들이 알을 깨고 나온다. 몇 달 뒤(태어나는 시기에 따라 좀 더 오래 걸릴 수도 있다) 그들은 짝짓기를 할 수 있을 정도로 자란다. 어른 달팽이는 계속 성장하며, 1년 반 정도 산다.

쥐며느리
-단단히 무장한 청소부

흙에서 바다가재나 새우를 잡을 수 있을까? 대부분 그런 기대는 하지 않을 것이다. 바다가재나 새우는 바다 동물이니까. 이들은 '갑각류'라고 하는 다리가 많은 동물이다. 하지만 이 바다 동물과 가까운 친척은 육상 동물이다. 실제로, 이 육상 동물은 거의 모든 바위나 썩은 나무 껍질 아래 숨어 살 정도로 무척 흔하다. 특히 낙엽이 쌓인 곳이나 초목이 우거진 곳이라면 더더욱 쉽게 눈에 띈다.

이 육상 갑각류는 바로 쥐며느리이다. 과학자들은 이들을 '등각류'라고 부른다. 등각류는 '똑같은 다리'라는 뜻인데, 쥐며느리의 다리 일곱 쌍은 모두 길이가 같다. 쥐며느리의 타원형 몸은 둥그스름한 갑옷으로 뒤덮여 있다. 갑옷은 시계줄의 고리처럼 단단하고 매끄러운 판으로 서로 꼭 맞춰져 있다. 쥐며느리의 머리 앞쪽에서 길게 뻗어 나와 휘어진 더듬이 두 개는 주위 환경을 점검하느라 쉴 새 없이 움직인다.

쥐며느리는 흙 속에서보다 주로 흙 위에서 조용하게 생활한다. 그들은 바위나 통나무 아래 숨어 있다가 낙엽 따위를 먹으러 밖으로 나온다. 쥐며느리가 많으면 다른 토양동물들의 삶에도 많은 변화가 생긴다. 쥐며느리가

쥐며느리 판을 여러 개 끼워 맞춘 것처럼 생긴 갑옷을 입고 있다.

식물체를 분해해 작은 토양동물들이 먹을 수 있도록 만들어 주기 때문이다.

확대경 없이도 쥐며느리를 관찰할 수 있으며, 그들을 채집하는 데에는 특별한 기구가 필요하지 않다. 다리가 많은 이 동물은 덩치가 비교적 큰 대형 토양동물에 속한다. 그들은 11밀리미터 또는 그것보다 조금 더 자란다.

흙 세계의 '거인'인 쥐며느리는 평화롭게 사는 것 같아도 천적들이 수없이 많다. 거미는 거미줄을 치거나 엄니로 쥐며느리를 물어 버린다. 새는 쏜살같이 달려들어 부리로 덥석 쥐며느리를 낚아채기도 한다. 하지만 쥐며느리도 방어 수단을 많이 준비해 두고 있다. 대개 몸통 옆을 따라 특별한 분비기관이 있는데, 적에게 공격을 당하면 이 분비기관에서 불쾌한 냄새가 나는 끈적끈적한 액체가 새어 나온다. 이 '화학 무기'는 아무리 배고픈 거미라도 입맛을 잃고 달아나게 만든다. 쥐며느리의 갑옷도 적들의 공격을 막아 주는 방어 수단이다. 하지만 갑옷은 몸의 반만 보호할 뿐이다. 갑옷이 등만 덮고 있으니 부드러운 배 부분은 무방비 상태이다. 그렇다면 적들이 모두 쥐며느리를 뒤집어서 갑옷을 무용지물로 만들어 버리려고 하지 않을까?

쥐며느리 가운데 '공벌레'라고 부르는 종이 있는데, 이들은 그런 문제를 아주 간단히 해결했다. 공벌레는 위험에 빠지면 다리와 더듬이를 배 쪽으로 끌어당기고 몸을 단단하게 움츠려 공처럼 만든다. 그러면 공벌레는 둥

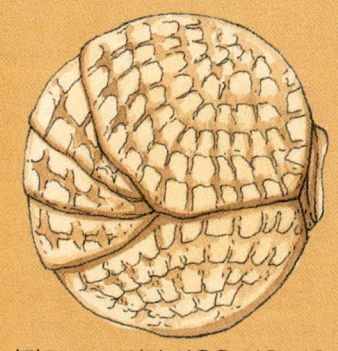

공벌레와 아르마딜로 공벌레(왼쪽)나 아르마딜로(오른쪽)처럼 갑옷을 입은 많은 동물들은 위험이 닥치면 몸을 공처럼 돌돌 만다.

글고 작은 알약처럼 보이며, 솜씨 좋게 끼워 맞춘 갑옷 말고는 아무것도 보이지 않는다. 한참 뒤 적이 단념하고 가 버리면 공벌레는 원래대로 몸을 펴고 허둥지둥 도망친다.

공벌레를 연구하던 과학자들은 공벌레가 전혀 다른 종류의 동물인, 남아메리카에 사는 아르마딜로와 꼭 닮아 깜짝 놀랐다고 한다. 커다란 포유동물인 아르마딜로는 공벌레처럼 갑옷을 입고 있는데다 공격을 받으면 부드러운 배를 보호하려고 공 모양으로 몸을 움츠리는 것까지 공벌레와 꼭 닮았다. 그래서 공벌레 무리를 '아르마딜리디움'이라고도 부른다.

일부 사냥개들과 다른 영리한 포식자들은 아르마딜로를 사냥하려면 강이나 연못으로 굴려야 한다는 것을 배운다고 한다. 포식자들은 아르마딜로가 숨을 가쁘게 몰아쉬며 몸을 풀 때쯤 와락 덤벼든다. 하지만 이러한 기술도 공벌레에게는 그다지 신통치 않다. 공벌레가 물을 전혀 꺼리지 않기 때문이다. 실제로 공벌레는 물에 사는 친척들처럼 물고기의 아가미와 비슷한 기관으로 숨을 쉰다. 이 호흡기관이 제 기능을 하려면 늘 촉촉해야 한다. 그렇기 때문에 공벌레나 쥐며느리가 습기 찬 곳에서 산다고 해도 놀랄 일이 아니다. 그들은 습기를 찾는 데에는 귀신이다. 만약 공기가 매우 건조한 상자 안에 쥐며느리를 넣어 두면(쥐며느리는 습도가 90퍼센트 이상 되어야 좋아한다. 그 정도면 후텁지근한 여름날의 습도이다) 그놈은 쉬지 않고 돌아다닌다. 무엇인가를 찾는 것이다. 그 때 물에 적신 솜뭉치를 상자 한쪽 구석에 넣어 주면 쥐며느리는 눈 깜짝할 사이에 습기가 있는 그 곳으로 허둥지둥 달려가 자리를 잡는다.

공벌레의 갑옷은 훌륭한 보호 장비이기는 하지만 문제를 일으키기도 한다. 갑옷은 무겁고 거북하다. 또한 일정한 형태로 고정되어 있기 때문에 몸이 더 이상 자랄 수 없다. 그래서 몸이 자랄 때마다 탈피(곤충 따위가 자라면서 허물이나 껍데기를 벗는 과정으로, '허물벗기'라고도 한다-옮긴이)를 해서 자기 몸을 둘러싸고 있던 껍데기를 벗어야 한다. 공벌레는 흙 틈에 숨어서 연신 꿈틀거리며 단단하고 낡은 껍데기를 벗어 버린다. 낡은 껍데기 아래에는 부드러운 새 껍데기가 있다. 공벌레는 몸을 한껏 부풀린다. 새로운 껍데기가 단단해지기 전에 몸이 자랄 공간을 만들어 두려는 것이다.

탈피를 하는 동물이 공벌레만은 아니다. 공벌레의 친척들인 바다가재나 새우, 게 같은 동물들도 모두 탈피를 한다. 곤충들도 마찬가지다. 하지만 공벌레가 탈피하는 방법에는 무엇인가 특별한 점이 있다. 공벌레는 먼저 껍데기 앞쪽 반을 벗는다. 2주 정도 지난 뒤 뒤쪽 절반을 마저 벗는다. 공벌레는 몸 빛깔이 대개 짙은 회색이다. 하지만 가끔 몸의 절반은 밝고 나머지 절반은 어두운 것들도 있다. 그들은 탈피 과정을 겪고 있는 놈일 가능성이 크다.

채집한 쥐며느리 중 어떤 놈은 배에 부풀어오른 주머니를 달고 있을 수 있다. 그것은 가슴마디에서 '복관엽'이라는 평평한 판이 자라서 만들어진 육아낭이다. 그 속에는 알이 가득 들어 있다. 어미쥐며느리는 알이 부화할 때까지 알을 몸에 지니고 다닌다. 새끼 쥐며느리는 어미를 작게 축소해 놓은 것처럼 생겼다. 하지만 가까이 다가가

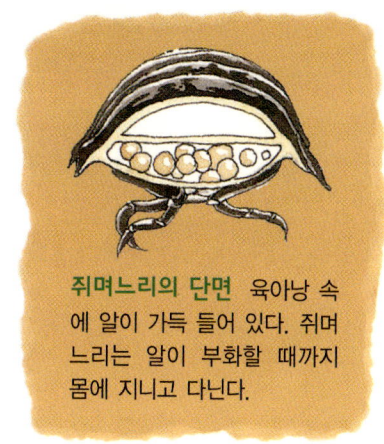

쥐며느리의 단면 육아낭 속에 알이 가득 들어 있다. 쥐며느리는 알이 부화할 때까지 몸에 지니고 다닌다.

서 관찰하면 몇 가지 중요한 차이를 발견할 수 있다. 그들은 몸 빛깔이 좀 더 엷고 다리가 일곱 쌍이 아니라 여섯 쌍뿐이다. 첫 번째 탈피를 하고 나야 일곱 번째 다리가 나오기 때문이다.

봄, 여름, 가을 내내 쥐며느리는 종종걸음을 치고 다니면서 죽은 식물과 때로는 살아 있는 식물을 먹는다. 대부분 밤에만 활동하지만 가끔 한낮에도 밖을 돌아다닌다. 그들은 자기 친척들만큼 햇빛을 두려워하지는 않는다. 갑옷이 있어 몸이 마르는 것을 막아 주기 때문이다. 추운 겨울이 되면 쥐며느리는 몸을 안전하게 숨길 만한 틈으로 기어들어가 봄이 올 때까지 그 곳에서 조용히 지낸다.

지네와 노래기
– 다리가 가장 많은 흙 동물

만약 사람의 다리가 열두 개라면 걸을 때 어느 발을 먼저 내디뎌야 할지 헷갈리지 않을까? 이런 경우 자기 발에 걸리지 않고 걷기란 해결할 가망이 없는 복잡한 문제인 것만 같다. 하지만 다리가 열네 개인 쥐며느리는 훌륭하게 해낸다. 흙에 사는 동물들 가운데에는 다리가 수십 개, 심지어 몇백 개나 되는 놈들도 있다! 지네와 노래기가 그렇다.

지네의 영어 이름은 '센터피드(centipede)'인데, '다리가 100개'라는 뜻이다. 그러나 실제로 지네의 다리는 겨우 열다섯 쌍에서 서른한 쌍일 뿐이다. '밀러피드(millipede)'라는 노래기의 영어 이름도 과대 포장되어 있다. 그 이름은 '다리가 1000개'라는 뜻이지만, 몸통이 가장 긴 노래기도 실제로는 다리가 200개쯤 될 뿐이고 대부분은 이보다 훨씬 적다.

한동안 과학자들은 지네와 노래기를 다족류(또는 다지류. 다리가 많다는 뜻-옮긴이) 무리로 분류했다. 지네와 노래기는 둘 다 지렁이처럼 몸이 길고 체절이 많으며 몸통 좌우에 다리가 많이 달려 있다. 또한 머리 양쪽에 더듬이와 눈이 각각 한 쌍씩 있다. 하지만 이 둘 사이에는 중요한 차이점이 있다.

지네와 노래기를 구별하는 가장 쉬운 방법은 (관찰할 수 있도록 가만히 있어 준다면) 몸통을 따라 다리가 배열되어 있는 방식을 관찰하는 것이다. 지네는 체절 하나에 다리가 한 쌍씩 달려 있다. 이와는 달리 노래기는 체절마다 다리가 두 쌍씩 달려 있다.

이동하는 모습으로도 쉽게 구별할 수 있다. 지네나 노래기나 발을 내미는 순서에 대해서는 아주 잘 알고 있지만, 둘은 서로 다른 방법으로 이 문제를 해결했다. 지네는 꿈틀거리며 걷는다. 양쪽에 있는 다리를 번갈아 내딛기 때문이다. 한쪽 발을 내딛고 이어서 다른 쪽 발을 내딛는 식이다. 노

지네와 노래기의 지네는 체절마다 다리가 한 쌍씩 달려 있지만, 노래기는 한 체절에 다리가 두 쌍씩 달려 있다.

래기는 다리 한 쌍을 함께 옮긴 다음 파도치듯 그 뒤에 있는 쌍을 잇따라 옮겨 간다. 그래서 몸이 물결치듯 땅 위를 부드럽게 미끄러져 나아가는 것처럼 보인다.

지네와 노래기는 사는 방식도 뚜렷하게 다르다. 지네는 포식성으로, 흙 세계의 사냥꾼으로 통한다. 그들은 돌이나 나무 껍질 아래 습기 찬 곳에 숨어 있다가 밤에 밖으로 나와서 이리저리 돌아다니며 즙이 많은 곤충이나 민달팽이, 애벌레 등 먹을 만한 것을 찾는다. 맨 앞쪽 체절에는 다리의 첫 쌍이 변해서 생긴 턱다리가 있고, 그 끝에는 독을 내뿜는 발톱이 달려 있다. 지네는 이 턱다리와 독 발톱을 이용해 먹잇감을 붙들고 독을 주사할 수 있다(왕지네류는 사람이 만지면 물기도 한다. 그렇게 한 번 물리면 말벌한테 쏘인 것처럼 부어오르며 무척 아프다).

지네는 머리 양쪽에 홑눈이 여러 개 있지만 먹잇감을 찾는 데 시각을 이용하지는 않는다. 그들은 어두울 때 활동하기 때문에 촉각으로 먹잇감을 찾는다. 지네는 더듬이로 사방팔방 부지런히 더듬으며 기어다닌다. 다리가 몸 양쪽에 쭉 붙어 있기 때문에 지네의 몸은 넓적한 편이다. 그래서 좁은 틈으로도 쉽게 비집고 들어갈 수 있다. 더듬이가 먹잇감처럼 느껴지는 물체에 닿는 순간, 지네는 인정 사정 없이 콱 문다! 그와 동시에 독 발톱이 행동을 개시한다.

지네는 빛을 싫어하는 경향이 있어서 될 수 있으면 어두운 곳으로 허둥지둥 달려들어간다. 과학자들은 지네의 눈에 물감을 두텁게 칠해서 눈가리개를 했을 때조차 이 동물들이 빛을 피해 달아난다는 사실을 밝혀 냈다. 그들은 피부에도 빛을 느끼는 감광 기능이 있는 것으로 보인다. 이러한 감각은 지네가 나무 껍질 같은 엄폐물 아래에서 사는 데 도움이 된다. 그 곳에서 지네는 적의 공격을 피하고 몸이 햇빛에 마르는 것을 막을 수 있다. 하지만 몸을 지키는 데 있어서 빛을 피하는 게 다는 아니다. 그들은 온몸의 감각이 아주 예민하다. 그래서 되도록 몸이 단단한 것에 둘러싸여 있을 때 가장 안심하는 것 같다. 아주 간단한 실험으로 이것을 확인할 수 있다. 어둑한 장소에 상자를 놓고 거기다 지네를 넣으면 지네는 쉬지 않고 부지런히 돌아다닌다. 그러다가 지치면 구석 자리를 골라 상자에 배와 몸통을 딱 붙인 채 쉰다. 하지만 상자 안에 가느다란 유리관을 갖다 놓으면 지네는 유리관 안으로 기어들어가 평화롭게 자리를 잡는다.

지네는 사람처럼 암수가 구분되어 있다. 그들의 짝짓기 과정은 복잡하다. 암컷과 수컷이 흙 속의 좁은 통로에서 만난다. 그들은 더듬이로 서로를 어루만지고는 일종의 구애춤을 추며 빙글빙글 돈다. 그리고 나서 수컷이 통로를 가로질러 정자를 넣을 주머니를 만든다. 수컷은 그 곳에 정자 한 덩이를 뿜어 낸다. 이제 수컷 지네는 더듬이로 암컷에게 신호를 보낸 뒤 천천

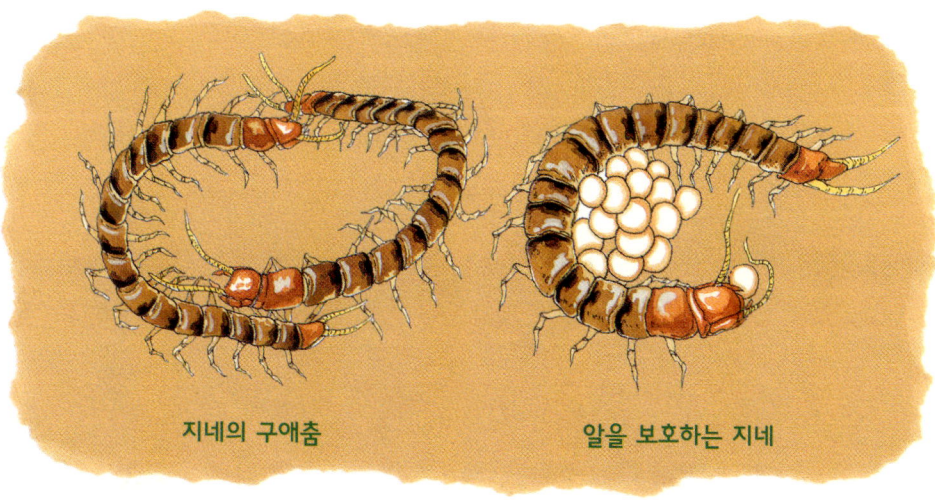

지네의 구애춤　　　　　　　알을 보호하는 지네

히 물러난다. 암컷은 수컷을 따라 주머니로 다가와서는 정자를 흡수한다. 암컷의 몸 속에서 정자가 알을 만나 수정되어 새로운 새끼지네의 삶이 시작된다.

어떤 어미지네들은 흙 속에 알을 낳고는 그냥 버려두고 떠난다. 하지만 다른 지네들은 여러 개의 알을 한꺼번에 낳고 알덩어리를 품어서 보호하기도 한다. 어미는 알덩어리를 몸으로 단단하게 말아서 밖에서는 알이 보이지 않도록 한다. 이따금 어미지네는 몸을 풀고 두 쌍의 다리로 알을 집어 들어 핥는다. 과학자들은 알을 해칠지도 모르는 곰팡이의 포자를 핥아 없애는 것이라고 생각한다. 알 하나가 덩어리에서 떨어지면 어미는 알을 집어서 제자리에 옮겨 놓는다. 알을 먹으려고 덤벼드는 적이 있다면 어미는 사납게 공격할 것이다.

대부분의 지네는 다리가 일곱 쌍만 달려서 태어난다. 나머지 다리는 자라면서 탈피할 때마다 한두 쌍씩 늘어난다. 지네는 다른 곤충에 비해 수명이 길다. 실험실에서 기른 어떤 지네는 4년 넘게 살아 있었다고 한다.

노래기의 굴파기 노래기가 머리로 흙을 헤치며 길을 내고 있다.

노래기는 난폭한 지네와는 사는 방식이 다르다. 그들은 대개 채식주의자로, 주로 썩은 식물성 물질을 먹고산다. 일부만이 곰팡이를 먹거나 살아 있는 식물과 씨앗을 공격한다.

노래기는 대부분 땅 속에 굴을 팔 수 있다. 그렇지만 지렁이가 하는 것처럼 흙을 먹으며 굴을 파지는 못한다. 대신에 일부는 공성 망치(단단한 성벽을 깨뜨리는 데 사용하는 거대한 망치-옮긴이) 같은 단단한 머리로 흙을 밀어붙이며 굴을 판다. 머리가 평평하며 각이 진 다른 종류의 노래기는 칼을 쓰듯 머리로 흙을 가르며 길을 낸다. 어린 노래기는 몸집이 작아서 굴을 파지 못한다. 그래서 원래 있던 틈새나 통로를 찾아 들어가 산다.

흙 속의 굴과 틈으로 편리하게 도망칠 수 있는 능력 덕에 노래기는 새나 쥐 같은 땅 위의 천적들에게서 자기 자신을 지킬 수 있다. 노래기는 또한 흙 세계의 곤충 사냥꾼들에 대한 비범한 방어 능력을 갖추고 있다. 노래기의 몸 양쪽에는 냄새가 고약한 악취샘이 한 줄씩 있다. 이 분비샘에서 곤충 포식자를 벌벌 떨게 만들어 쫓아 버리거나 심지어 죽일 수도 있는, 냄새가 고약한 물질이 만들어진다. 그 물질에는 치명적인 독인 청산가리가 조금 들어 있다. 하지만 노래기는 사람이 다루기에는 꽤 안전하다. 그 정도 소량의 독은 사람을 해칠 만큼 강하지 않다. 쥐도 노래기를 지나치게 많이 잡아먹지만 않는다면 몸에 전혀 이상이 없을 것이다.

어떤 노래기는 공격을 받으면 죽은 체한다. 몸이 긴 노래기는 등의 딱딱한 갑옷을 바깥쪽으로 한 채 시계 태엽처럼 몸을 둘둘 만다. 공노래기도 위협을 느끼면 공처럼 몸을 둥글게 만다. 공벌레 모습 그대로다.

일부 수컷 노래기는 지네가 그렇듯이 짝짓기를 할 때 그물로 정자 주머니를 만든다. 수컷 노래기는 길고 곧은 길에 끈끈한 물질을 깔아서 자기 집

공노래기 공벌레와 똑같은 방법으로 위험에 대처한다(43쪽 그림 참조).

노래기의 짝짓기 수컷은 생식지로 암컷의 몸에 정자를 직접 넣을 수 있다.

으로 암컷을 안내한다. 다른 수컷 노래기는 '생식지'라고 하는 특별한 다리로 몸에서 나온 정자 덩어리를 암컷의 몸에 넣는다.

노래기는 대개 자기가 낳은 알을 돌본다. 암컷은 흙에 침을 섞어 무덤처럼 생긴 둥지를 짓는다. 둥지를 다 지은 뒤 암컷은 꼭대기에 구멍을 뚫고 알을 낳는다. 알을 모두 낳고 나면 구멍을 막는다. 종종 암컷 노래기가 흙 둥지 주위를 몸으로 감싸고 있는 모습을 볼 수 있다.

알에서 갓 깨어난 새끼노래기의 몸에는 체절이 몇 개 없지만 탈피를 할 때마다 몇 개씩 늘어난다. 이들은 낙엽 밑이나 땅 속 등 새 갑옷이 단단해질 때까지 숨어 지낼 만한 곳에 탈피실을 만들고는 껍데기를 벗는다. 노래기는 평생 동안 탈피를 하며 계속 자란다. 대개 1~2년 정도 살지만 어떤 놈들은 7년 넘게 살기도 한다.

톡토기
- 흙 세계의 높이뛰기 선수

여러분이 삽으로 뜬 흙 속에 있는 동물을 모두 다 세려면 몇 주가 걸릴지도 모른다. 그만큼의 흙 속에도 동물이 수천 수백만 마리나 있기 때문이다. 그들 대부분은 세 가지 주요 무리, 즉 선충, 진드기, 톡토기 가운데 하나에 속한다.

톡토기는 곤충의 한 종류이다. 그들은 북극에서 남극까지 세계 구석구석에서 발견된다. 오늘날 곤충 전체를 다 합한 것보다 더 많은 수의 톡토기가 살고 있다. 곤충의 종류가 100만 종이 넘지만, 그 중에 톡토기는 수천 종에 불과하다는 사실을 감안한다면 더욱 놀랍다.

흙 속에 사는 톡토기를 또렷하게 보려면 확대경을 준비해야 한다. 그들 대부분 몸 길이가 6밀리미터를 넘지 않기 때문이다. 톡토기의 몸은 다른 모든 곤충들처럼 머리, 가슴, 배 세 부분으로 나누어져 있다. 다리 세 쌍이 몸통의 가운데 부분, 즉 가슴에 달려 있으며, 머리 앞부분에 마디가 있는 가느다란 더듬이 한 쌍이 뻗어 있다. 어떤 톡토기의 몸은 길고 납작하며 시곗줄의 고리처럼 체절로 또렷하게 나누어져 있다. 다른 것들은 포동포동한 서양 배처럼 생겼으며, 체절이 보이지 않는다. 흙의 표면에서 사는 톡토기

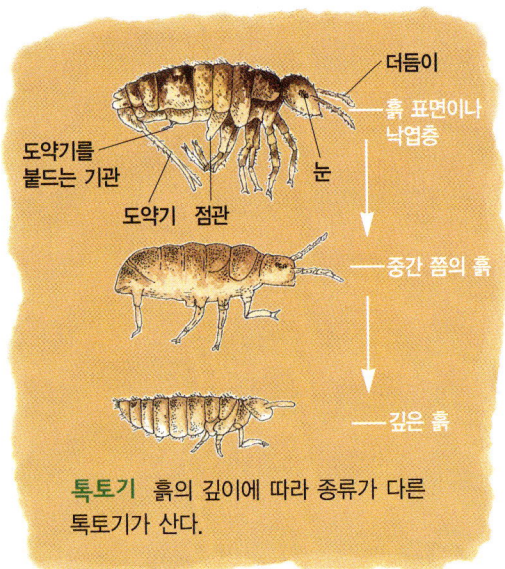

톡토기 흙의 깊이에 따라 종류가 다른 톡토기가 산다.

에게는 시력이 꽤 좋은 눈이 한 쌍 달려 있다. 하지만 톡토기 중에서 가장 깊은 흙에 사는 종은 눈이 없어 앞을 전혀 볼 수 없다.

톡토기는 몸 끝 부분에 달려 있는 도약기 때문에 그런 이름이 붙었다. 끝이 갈라진 긴 도약기는 두 갈래 포크처럼 생겼다. 이 기관은 몸 아래쪽으로 바짝 끌어당겨져 있다. 배 아래쪽에 작은 톱니가 두 개 달린, 도약기를 붙드는 특별한 기관이 있어서 도약기를 고정하고 배에 단단히 밀착하게 해 준다. 개미 한 마리가 살그머니 다가와 톡토기를 덮치려는 순간 미처 달아나지 못할 수도 있다. 하지만 톡토기에게는 도망칠 방법이 있다. 순식간에 도약기를 풀어 힘차게 뒤쪽으로 튕긴다. 그러면 투석기가 쏘아 올린 돌처럼 톡토기는 공중으로 똑바로 튀어오른다. 톡토기는 10센티미터 가까운 높이로 도약할 수 있다. 그리 멀리 벗어나는 것처럼 보이지 않을 수도 있지만, 자기 몸 길이의 열 배가 넘는 높이인데다 깜짝 놀라 어리둥절해 있는 개미의 머리 위로 몸을 날려 보내기엔 충분하다.

톡토기라고 해서 전부 다 도약기가 있는 것은 아니다. 이 우아한 탈출 기술은 땅 속 깊은 곳에서는 그리 효과가 없다. 땅 속에서 사용했다간 굴 천장에 머리를 부딪치고는 적의 입으로 되튀고 말 것이다. 따라서 흙 표면에 사는 톡토기에게만 긴 도약기가 있다. 흙 표면에서 사는 톡토기에 비해 몇 센티미터 아래에 사는 종은 도약기와 더듬이가 더 짧다. 흙의 깊은 층에 사는 장님톡토기는 더듬이가 매우 짧고 도약기는 아예 없다.

톡토기 무리에게는 또 다른 이름이 있다. 과학자들은 톡토기목을 '점관목'이라고도 부르는데, 배에 달린 '점관'이라는 독특한 기관 때문에 그런 이름이 붙었다. 톡토기의 점관은 몸 첫째 마디의 배 쪽에 달린 기관이다. 점관에서는 끈끈한 풀이 만들어지는데, 이것 덕분에 톡토기가 돌이나 식물의 줄기, 뿌리 같은 매끄러운 표면에 달라붙을 수 있는 것이다.

과학자들은 점관에 더 중요한 쓰임새가 있을 것이라고 생각한다. 톡토기는 습기가 많은 곳에서 사는데, 이는 살아가는 데에 수분이 꼭 필요하기 때문이다. 톡토기는 대부분 얇은 피부 위 수분층에 녹아 있는 산소를 흡수해 호흡한다. 그러므로 몸이 마르면 죽고 만다. 과학자들은 실험실에서 톡토기가 점관을 물방울에 담그고 있는 모습을 관찰했다. 공기가 건조할수록 톡토기는 이런 식으로 더 자주 물을 마셨다. 물에 물감을 조금 풀어 두면 점관으로 빨아들인 물이 톡토기의 몸 속 기관을 따라 흘러가는 것을 볼 수 있다. 어떤 톡토기는 점관을 쭉 뻗어 가까스로 입으로 가져가기도 한다. 어쩌면 그렇게 해서 물을 입으로 옮기거나 몸을 닦는 것인지도 모른다.

톡토기는 아주 작고 깨끗한 동물이다. 사람들은 그들이 사는 세계를 더러운 곳이라고 생각하는 경향이 있지만, 그들은 마치 고양이처럼 끊임없이 자기 몸을 닦는다. 톡토기는 입에서 반짝이는 물방울을 꺼낸다. 귀한 물방울을 앞발에 달린 발톱으로 잡고 머리, 더듬이, 다리를 차례차례 닦는다. 톡토기는 맨 앞다리가 몸 구석구석까지 다 닿지 않기 때문에 두 번째 다리로 조심스럽게 물방울을 옮기고 좀 더 먼 부분을 손질한다. 물방울이 터지지 않으면 목욕을 마치고 남은 물방울을 삼키는 알뜰함까지 보인다.

흙의 깊은 층에 사는 톡토기의 몸 빛깔은 대개 엷고 희끄무레하지만 흙 표면이나 그 가까이에 사는 놈들은 회색, 갈색, 심지어 밝은 색을 띠기도 한다. 노란색, 녹색, 청색, 엷은 보라색, 붉은색 톡토기도 볼 수 있다. 얼룩덜룩 반점이 있거나, 줄무늬가 있는 놈들도 있으며, 선명한 무늬가 있는 놈들도 있다. 과학자들은 흙 표면에 살고 있는 톡토기의 몸 빛깔이 그들이 살아남는 데 도움이 된다고 여긴다. 어떤 놈들은 썩은 낙엽에 피는 곰팡이를 먹고사는 작은 거미들과 매우 닮았다. 거미를 공격하는 동물은 거의 없다. 거미에게 물리면 치명적이기 때문이다. 그래서 동물들은 거미를 닮은 톡토기도 그냥 지나쳐 버린다. 또 다른 톡토기는 일종의 '화학 무기'를 사용해 적들을 물리친다. 그들의 피는 나쁜 맛이 나거나 개미나 진드기 같은 포식자들에게 해로운 독성 화합물을 포함하고 있다. 만약 공격을 당하면 피부의 작은 구멍에서 피가 배어 나온다. 심지어 적에게 상처를 입기 전부터 피가 배어 나오기도 한다. 굳이 먹어 봐야 맛을 안다면, 톡토기의 나쁜 맛 방어 기술은 아무런 소용이 없다. 그래서 톡토기는 밝은 색 무늬로 미리 "나는 맛이 없어."라고 경고 신호를 보낸다. 맛이 좋지 않은 톡토기를 먹으려고 시도했던 개미나 진드기라면 그런 무늬가 있는 놈들을 다시는 건드리지 않을 것이기 때문이다.

일부 톡토기의 밝은 색깔은 피부 속 색소체에서 만들어진다. 다른 종류는 나비 날개의 색깔 비늘과 똑같은 비늘로 몸 표면이 덮여 있다. 이 비늘은 매우 미끄럽기 때문에 톡토기가 적들의 손아귀에서 벗어나는 데 도움이 된다. 개미의 턱에 붙들렸을 때나 땅 가까이에 쳐 놓은 거미줄에 걸렸을 때, 톡토기는 비늘 덕택에 쉽게 빠져 나갈 수도 있다. 실수로 거미줄에 뛰어들게 된 톡토기는 도망치려고 몸부림을 친다. 비늘은 몸에 그리 단단하게 붙어 있지 않아서 마침내 비늘만 떨어져 거미줄에 붙고 톡토기는 미끄러져 빠져 나간다.

톡토기의 가장 큰 천적은 개미이다. 사냥개미 중 어떤 종은 이 도약하는 먹잇감을 잡는 특별한 장비가 있다. 그들은 커다란 턱을 거의 일직선이 되도록 넓게 벌릴 수 있다. 개미는 턱을 크게 벌리고 머리 앞으로 긴 더듬이 두 개를 내밀고서 기어다닌다. 더듬이에 먹잇감이 닿으면 개미는 순식간에, 속수무책인 톡토기를 꽉 물어 버린다. 만약 톡토기가 도약기를 이용해 도망가려고 하면 개미는 곧바로 톡토기를 땅에서 들어올리고 배 끝에 달린 독침으로 마비시킨다.

톡토기는 흙 속에서 낙엽이나 버섯, 다른 토양동물의 배설물을 먹으며 조용히 산다. 그들의 입틀(무척추동물, 특히 절지동물의 입 부분을 이루어 음식물을 먹거나 씹는 데 관계하는 기관을 통틀어 가리키는 말-옮긴이)은 깨물거

톡토기 사냥 사냥개미는 커다란 턱으로 톡토기를 번쩍 들어올린다. 이렇게 되면 톡토기의 도약기술도 아무 소용이 없게 된다.

나 빨아 먹기 좋게 생겼으며, 쓰지 않을 때는 머리 속 작은 주머니 안에 접어 넣게 되어 있다. 일부 톡토기는 부드러운 새순을 먹기 때문에 정원의 해충으로 분류된다. 다른 종류는 작은 선충을 먹는다. 작다고 해도 몸 길이는 거의 톡토기만 하다. 톡토기는 꿈틀거리는 벌레의 한쪽 끝을 물고는 사람들이 국수 가락을 빨아들이듯이 쪽 빨아 먹는다.

어떤 톡토기는 독특한 방법으로 짝짓기를 한다. 수컷은 자기 정자를 암컷의 몸 속에 넣지 않는다. 대신 작은 물방울 안에 정자를 넣고 가늘고 짧은 줄기에 매달아 땅에 붙여 놓는다. 수컷은 암컷 주위로 원을 그리며 마치 막대 사탕처럼 이 물방울 줄기들을 세운다. 또는 암컷이 즐겨 다니는 곳 주위에 정자를 넣은 물방울들을 뿌리기도 한다. 물방울은 아주 빽빽하게 모여 있어서 마치 작은 곰팡이처럼 보인다. 곧 암컷 톡토기 한 마리가 우연히 정자가 든 물방울 가운데 하나를 건드리고 배 끝에 있는 구멍으로 정자 방울('정협'이라고도 한다. 외부 생식기가 발달하지 않은 동물에서 볼 수 있으며, 수컷이 만들고 암컷이 이를 몸 속에 넣어 수정한다-옮긴이)을 빨아들인다. 마침내 암컷의 몸 속에서 정자들은 난자와 결합한다.

며칠 지나지 않아 암컷은 작고 반짝이는 알들을 낳아 덩어리를 이룬다. 이 알들은 흙에서 수분을 흡수해 성장하고 부풀어오른다. 겉껍데기가 깨지고 새끼톡토기들은 알 안쪽의 얇은 막 안에서 자란다. 며칠 뒤 새끼들이 알을 깨고 나오는데, 부모들을 축소해 놓은 것처럼 생겼다. 이들은 다른 곤충들처럼 탈피를 하며 성장한다.

사람들은 대부분 흙 속에 톡토기가 살고 있다는 사실을 모른다. 실제로 확대경이 발명되기 전까지 이 동물들은 발견되지도 않았다. 하지만 때때로 그들은 폭발적으로 증가해서 엄청난 숫자가 땅 위로 기어오른다. 수천 수백만의 톡토기로 이루어진 거대한 조각보가 어느 날 갑자기 연못가나, 나무 줄기, 또는 들판과 정원에 나타날 수도 있다. 심지어 해빙기 동안 눈 위로 떼지어 올라오기도 한다. 그들은 잡초나 관목의 줄기와 흙 사이에 난 작은 틈을 따라 흙에서 기어 올라온다. 날씨가 다시 나빠지면 일부는 같은 방법으로 땅 속 세계로 돌아가지만, 대부분은 단단하게 쌓인 눈을 뚫고 내려 가려다 죽고 만다. 겨울철에 모습을 드러내는 이런 톡토기 떼를 '눈벼룩'이라고도 하는데, 어떤 특별한 종인 것 같지는 않다. 그보다는 사람들이 알지 못하는 어떤 이유로 흙 속 자기 집을 떠난 보통 톡토기 종류로 보인다.

톡토기는 왜 떼지어 다닐까? 과학자들도 확실히는 모른다. 이 작은 곤충들은 새끼를 엄청나게 많이 낳을 수 있다. 만약 먹이 등 여러 가지 조건이 갖추어지고 천적의 수가 그리 많지 않다면 톡토기는 일종의 '인구 폭발'을 경험할지도 모른다. 흙 속의 그들 집은 인구밀도가 점점 높아지는 것이다. 과학자들은 인구과잉 현상이 많은 동물들에게 이상행동을 일으킨다는 사실을 발견했는데, 톡토기도 예외가 아니었다. 톡토기는 떼지어 다니면서 보통 때 하듯이 밝은 쪽을 피해 달아나는 게 아니라 오히려 쫓아가는 경향을 보였다. 그리고 그들은 서로 싸우고 잡아먹기까지 했다.

일부 과학자들은 인류의 인구 폭발에 대해 점점 더 많은 관심을 보이기 시작했으며, 우리 세계의 인구밀도가 지나치게 높아지고 있는 것을 걱정한다. 과학자들은 인구과잉이 그런 이상행동을 일으킨 까닭을 밝혀 내려면 톡토기 같은 동물을 꾸준히 연구해야 한다고 생각한다. 어쩌면 이 흙 세계의 거주자들은 사람들이 배워야 할 몇 가지 교훈을 이미 깨닫고 있는지도 모른다.

거미
– 매복한 사냥꾼

흙을 배경으로 에메랄드 같은 녹색 등이 반짝인다. 비단길앞잡이 한 마리가 저녁거리로 애벌레를 사냥하려고 바삐 기어가고 있다. 마침 몇 발자국 앞에서 풀줄기 위로 기어오르고 있는 개미를 발견한 터이다. 하지만 비단길앞잡이는 목표물에 다가가는 데 정신이 팔린 나머지 거미줄이 있다는 사실을 알아차리지 못하고 어처구니없이 제 발로 거미줄에 뛰어드는 실수를 저지른다. 비단길앞잡이는 거미줄에서 벗어나려고 버둥거리지만 그럴수록 다리는 끈적끈적한 실에 엉키고 만다. 실 하나를 끊었건만 이내 또 다른 실에 걸린다.

거미줄이 튼튼하기는 해도 길앞잡이는 몸집이 큰 편이다. 시간만 넉넉하다면 거미줄에서 벗어날 수도 있다. 하지만 길앞잡이에게는 그럴 시간이 전혀 없다. 길앞잡이가 거미줄에 발을 딛는 순간 그 움직임은 전신줄을 따라 전보가 전해지듯 거미줄을 따라 진동으로 거미에게 전달된다. 그물 한가운데 바퀴통 위에 앉아 있던 거미줄의 여주인이 진동을 느끼고는 재빨리 그물의 방사실(거미줄에서 거미가 이동하는 줄. 나선실과 달리 끈적끈적하지 않다–옮긴이)을 밟고 길앞잡이가 안간힘을 쓰고 있는 지점을 향해 달려간다.

거미의 사냥 길앞잡이가 안간힘을 써 보지만 이미 끈적끈적한 그물에 몸이 묶이고 난 뒤다.

거미를 본 길앞잡이가 튼튼하고 뾰족한 턱으로 거미를 물려고 한다. 거미는 안전거리를 유지한 채 꽁무니의 실젖에서 실을 뽑아 낸다. 거미는 조심스럽게 다가가 버둥거리는 길앞잡이를 멍석으로 말듯 거미줄로 꼼짝 못 하게 만든다. 이제 거미는 위험을 무릅쓰고 가까이 다가가 위턱에 달린 뾰족한 엄니(독니) 두 개로 길앞잡이를 물고 독을 조금 주사한다. 거미의 독이 길앞잡이를 잠잠하게 만든다. 독에는 먹잇감을 껍데기만 남기고 소화시키는 화합물이 들어 있다. 거미는 씹을 수 있는 입틀이 없어서 먹잇감의 몸을 껍데기 속에서 먼저 소화시킨 다음 흡위(거미는 위 근육을 수축시켜 액체 상태가 된 먹잇감을 빨아들인다-옮긴이)로 주스처럼 빨아 먹는다. 거미가 식사를 마치면 길앞잡이는 빈 껍데기만 남게 된다.

　사람들은 흔히 거미가 곤충이라고 생각한다. 그러나 엄밀하게 따지면 거미는 곤충이 아니다. 거미와 곤충의 차이는 여러 가지가 있는데, 그 중 몇 가지는 가까이에서 관찰하는 것만으로도 쉽게 알 수 있다.

　곤충은 다리가 여섯 개다(게다가 곤충에게는 날개도 한두 쌍 있다). 거미는 걷는 데 사용하는 다리가 여덟 개이다. 게다가 입 앞에 집게발 같은 한 쌍의 기관이 더 있다. 바로 엄니가 달린 위턱이다. 입 뒤에 달려 있는 또 다른 기관 한 쌍은 더듬이다리인데, 더듬이 역할을 한다. 거미는 곤충들과 달리 더듬이가 없다. 또한 거미는 대부분 눈이 여덟 개나 되지만, 아주 작은 홑눈이며 곤충의 눈보다 시력이 좋지는 않다. 거미의 눈은 빛의 밝기만 구별할 수 있을 뿐이다.

　곤충의 몸은 대개 세 부분으로 뚜렷하게 나누어져 있으며, 실에 구슬을 꿰어 놓은 것처럼 생긴 종류들도 있다. 앞쪽에 있는 머리에는 겹눈, 더듬이, 입이 달려 있다. 그리고 바로 가슴이 이어지는데, 여기에 다리와 날개가 달려 있다. 세 번째 부분이 배이다. 하지만 거미의 몸은 두 부분으로 나누어져 있다. 앞부분이 머리가슴이고 뒷부분이 배이다. 거미의 다리는 모두 머리가슴에 붙어 있다. 또한 이 부분에 발톱과 더듬이다리, 입, 눈, 흡위가 있다. 배의 꽁무니에는 손가락처럼 생긴 '실젖'이라는 기관이 세 쌍 있다. 실젖마다 100개 이상의 작은 실관이 달려 있다. 거미의 배 안에 있는 실샘에서 만들어 내는 거미줄은 실제로는 액체이다. 실관을 통해 거침없이

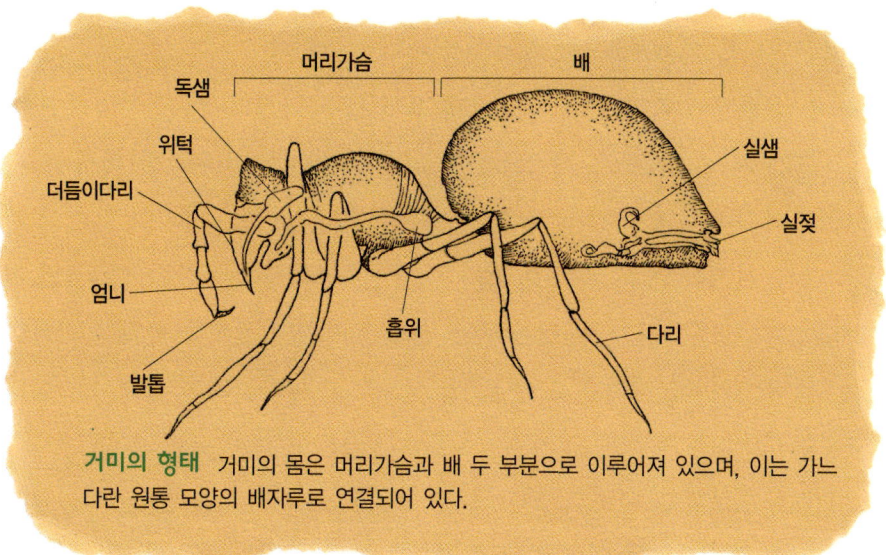

거미의 형태 거미의 몸은 머리가슴과 배 두 부분으로 이루어져 있으며, 이는 가느다란 원통 모양의 배자루로 연결되어 있다.

뿜어 나오다가 공기에 닿자마자 실처럼 단단하게 굳는다. 실관에 따라서 일종의 액체 풀을 만들어 내기도 하는데, 거기서 나온 줄은 끈끈해진다.

거미가 만드는 거미줄은 쓰임새에 따라 몇 종류로 나누어진다. 거미는 거미줄을 만들 때 무겁고 마른 실로 가장자리의 기초실과 가운데서 뻗어 나가는 방사실을 친다. 그 다음에 나선형을 그리면서, 먹잇감을 함정에 빠뜨릴 탄력 있고 끈끈한 나선실을 더한다. 거미가 거미줄 안에서 돌아다닐 때에는 조심스럽게 마른 줄을 밟는다. 이것이 바로 거미가 자기 그물에 걸리지 않는 비결이다. 거미는 어디를 밟아야 안전한지 정확하게 알고 있다. 또한 어디로 가든 몸 뒤쪽으로 잣는 훌륭한 '안전줄'이 있다. 거미는 암벽 등반가처럼 실수로 추락하더라도 이 줄을 늘여뜨려 허공에 안전하게 매달릴 수 있다. 또 다른 거미줄은 먹잇감을 꽁꽁 묶거나 자기가 낳은 알을 감쌀 알주머니를 만드는 데 사용한다. 거미는 새끼들이 알을 깨고 나올 때까지 알주머니를 몸에 매달고 다닌다.

거미의 종류에 따라 거미줄의 형태 또한 모두 다르다. 어린 거미라고 해도 부모가 치는 방식으로 거미줄을 만든다. 그러한 거미줄을 한 번도 본 적이 없어도 정확하게 똑같은 형태로 만들어 낸다. 거미는 자기가 무슨 일을 해야 하는지 잘 알고 있는 것 같다. 그런데 과학자들은 LSD(환각제의 일종-옮긴이) 같은 어떤 약품에 영향을 받으면 거미가 실수를 한다는 사실을 알아 냈다. 거미가 거미줄의 일부분을 빠뜨리고 찌그러지게 만들기도 한다는 것이다.

거미는 대부분 모나고 납작한 원반 모양으로 거미줄을 친다. 거미줄은 거미의 종류나 사는 지역에 따라 수직으로 매달려 있거나 수평으로 펼쳐져 있다. 어떤 거미줄은 마치 한국깔때기거미가 구석진 곳에 친 거미줄처럼 사방으로 실을 이어 지탱한다. 가시땅거미는 전대(돈이나 물건을 넣어 허리에 매거나 어깨에 두르도록 만든 자루-옮긴이)처럼 생긴 원통형 집을 땅 속의 나무 밑동이나 바위에 붙여 땅 위까지 늘여 놓는다. 이 거미는 흙 속의 집에서 먹잇감이 거미줄에 걸리기를 기다린다. 또한 배마디거미는 흙 속에 구멍을 파고 벽에 거미줄을 둘러쳐 원통 모양으로 집을 짓는다. 그러고 나서 실을 뽑아 안을 댄 함정문을 만들어 꼭 맞는 뚜껑처럼 구멍 입구를 막는다. 함정문을 닫으면 바깥에서는 다른 부분과 전혀 구분이 되지 않으며, 심지어 그 문 위로 식물이 자라기도 한다. 배마디거미는 문을 조금 열고 몰래 내다보고 있다가 공벌레나 메뚜기가 지나가면 불쑥 튀어나가 방심한 먹잇감을 잽싸게 낚아채서 굴 속으로 끌고 내려온다.

거미줄을 치지 않는 거미도 많다. 늑대거미는 땅 위를 기어가는 먹잇감에게 직접 달려든다. 꽃에 숨어 있다가 모여드는 곤충을 덮치는 꽃게거미

거미줄의 여러 형태 거미는 종류에 따라 다양한 형태로 거미줄을 친다.

도 있다. 거미줄을 치지 않는 거미 중에서 가장 특이한 사냥 기술을 가진 놈은 바로 가죽거미이다. 가죽거미는 입에서부터 그물을 펴서 내던지듯이 끈적한 실을 벌레에게 뱉어 벌레를 옴짝달싹 못 하게 한다. 이렇게 '침 뱉기' 기술로 먹잇감을 사냥하는 거미를 고속 촬영한 어떤 과학자는 거미가 놀랄 만큼 정확하게 목표물을 맞힐 수 있다는 사실을 알아 냈다. 먹잇감은 순식간에 끈끈한 실에 지그재그로 꽁꽁 묶였다. 몸이 매끈매끈한 돌좀조차 이 거미 앞에서는 속수무책이었다.

거미는 대개 수컷이 암컷보다 훨씬 작다. 짝짓기 준비가 끝나면 수컷은 작고 단순한 그물을 친다. 수컷은 그 그물 위에 정자들이 들어 있는 액체를

늑대거미 알에서 깨어난 어린 거미들은 약 1주일 동안 어미의 등에 겹겹이 올라타고 있다가 저마다 독립한다.

한 방울 떨어뜨린다. 그런 다음 수컷은 더듬이다리 끝에 있는 생식기관을 통해 정자를 빨아올린다. 그리고 암컷을 찾아나서는 것이다. 수컷은 암컷을 만나면 주위를 맴돌며 톡톡 건드리거나 특별한 구애춤을 춘다. 암컷이 준비를 끝내면 수컷은 더듬이다리로 암컷의 몸 속에 정자를 집어넣는다. 구애춤은 종종 수컷 거미에게 불행한 결말을 안겨 주기도 한다. 암컷이 돌변해서 수컷의 몸에 엄니를 찌르고 먹어치우기도 하니까!

　암컷 거미는 자기 짝에게서 받은 정자를 오랫동안 몸 속에 저장해 둘 수 있다. 때로는 1년 이상도 가능하다. 암컷 거미는 알에다 정자를 섞는데, 여러 차례 알을 낳을 수 있을 만큼 정자를 충분히 지니고 있을 수도 있다. 어미거미는 알에게 거미줄로 고치를 만들어 준다. 몇 주 내에 수십, 심지어 수백 마리의 어린 거미들이 알을 깨고 나온다. 늑대거미는 한동안 어린 새끼들을 돌보며 먹이를 주기도 한다.

　거미의 몸은 방어력이 뛰어난 단단한 껍데기로 둘러싸여 있는데, 말하자면 갑옷을 입고 있는 셈이다. 이 껍데기는 자라지 않으므로 거미 역시 탈피를 해야 한다. 탈피할 때가 되면 거미는 한적한 틈 안으로 숨어든다. 거미의 새 피부는 아주 희뿌옇고 부드럽다. 거미의 삶에서 가장 취약한 이 시기에는 적에게 공격을 당하기 쉽다. 또한 새로운 껍데기가 단단해질 때까지 되도록 가만히 있어야 한다. 그러지 않고 너무 많이 움직이면 몸이 기형적인 모습으로 굳어질 수도 있다. 거미는 어른이 될 때까지 열 번에 걸쳐 탈피를 한다. 대부분의 거미들은 1년 정도밖에 살지 못한다.

거미줄을 치는 과정

① 바람을 이용해 건너편 가지로 실을 날린다.

② 여러 번 왔다 갔다 해서 줄을 튼튼하게 만든다.

③ 거미줄의 중심을 정하려고 아래로 내려온다.

④ 세 번째 지점을 연결하여 틀을 완성한다.

⑤ 돌아가며 거미줄의 전체 모양을 만든다.

⑥ 자기가 지나다닐 수 있도록 마른 방사실을 친다.

⑦ 빙빙돌며 먹이가 걸려드는 끈적이는 나선실을 친다.

⑧ 반대로 돌아 나선실을 더 촘촘하게 쳐서 거미줄을 완성한다.

거미줄 비행 거미들은 거미줄에 실려 바람을 타고 멀리까지 날려 갈 수 있다.

거미는 몸집이 작긴 하지만 그들 가운데 일부는 아주 멀리까지 여행하는 방법을 찾아냈다. 바로 거미줄 풍선을 타고 공기 중으로 항해를 떠나는 것이다. 어느 가을날 수백만 마리의 거미들이 바람에 날리는 거미줄에 매달린 채 들판을 가득 메울 수도 있다. 식물의 줄기를 타고 꼭대기까지 기어 올라가서는 거미줄을 날려 보내 바람이 자기들을 채 가도록 하는 것이다.

거미는 검은과부거미 같은 몇 종류만이 사람의 목숨을 위협할 정도로 강한 독을 지니고 있다. 그러나 거미의 친척인 전갈 중에는 사람에게 아주 위험한 독침을 지니고 있는 종이 많다.

거미와 마찬가지로 전갈은 걷는다리가 네 쌍 있다. 전갈의 입 뒤쪽에 있는 수염다리 한 쌍은 아주 큰데, 마치 바다가재의 집게발처럼 생겼다. 전갈은 이 수염다리에 달린 집게로 먹잇감을 꽉 잡는다. 전갈의 배는 뒤쪽으로 갈수록 점점 좁아지다가 길고 가느다란 꼬리에 이르며, 그 끝에는 무서운 독침이 달려 있다(전갈의 몸은 머리가슴과 배 두 부분으로 나뉜다. 배는 앞배와 뒷배로 나뉘는데, 꼬리 부분은 뒷배에 해당한다-옮긴이).

전갈은 대부분 낮 동안에는 낙엽 밑이나 수염다리로 흙 속에 파 놓은 구멍에 들어가서 숨어 지낸다. 이윽고 밤이 되면 곤충이나 거미를 사냥하러 밖으로 나온다. 전갈은 수염다리로

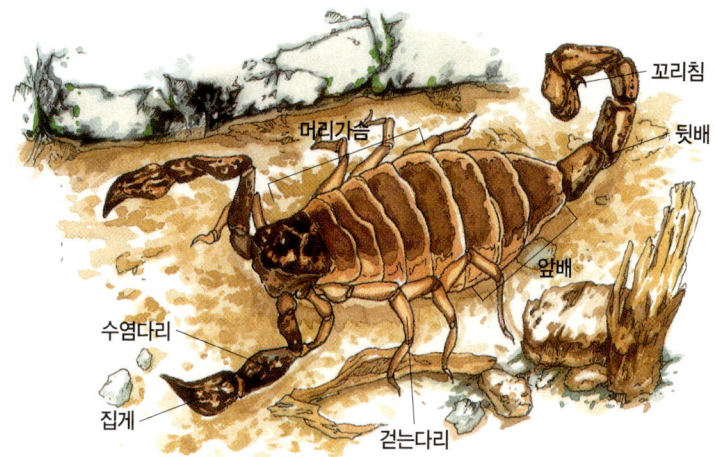

전갈의 형태 전갈은 집게와 꼬리침으로 무장하고 있다.

먹잇감을 잡고 으깨거나 두 동강내 버린다. 독침은 먹잇감이 격렬하게 저항하거나 적이 위협을 할 때에만 긴급 무기로써 사용한다. 그 때 전갈은 뒷배를 위쪽으로 말아 올리고 독이 가득한 독침으로 상대방을 쿡 찌른다. 재미있게도, 몸집이 작거나 중간쯤 되는 전갈의 독이 가장 강하다. 열대지방에 사는, 사람의 발만큼 커다란 전갈은 수염다리만으로도 얼마든지 싸울 수 있기 때문에 다른 무기들이 필요하지 않다. 그들은 주로 다른 전갈들과 싸울 때만 꼬리침을 사용한다.

전갈은 톡토기와 무척 비슷한 방법으로 짝짓기를 한다. 암수가 만나면 먼저 수컷이 자기 수염다리로 암컷의 수염다리를 붙들고 짝짓기를 할 적당한 장소로 데려간다. 이것이 전갈의 구애춤이다. 적당한 장소를 찾으면 수컷은 흙에 세워 놓은 가는 줄기 끝에 정자 방울을 달아 둔다. 그러고 나서 암컷을 그 자리로 안내해 정자 방울을 몸에 빨아들이게 한다. 전갈은 알을 낳지 않는다. 새끼전갈들은 어미의 뱃속에서 자란 뒤, 떼지어 태어난다. 어린 전갈들은 독립할 때까지 여러 날 동안 어미등에 업혀 다닌다.

장님거미 장님의 지팡이처럼 사용하는 긴 다리를 보면 이들에게 왜 그런 이름이 붙었는지 쉽게 알 수 있다.

다리가 여덟 개 달린 또 다른 거미의 친척은 장님거미와 통거미이다. 이들은 다리가 아주 길고 가늘어서 꼭 죽마를 타고 걷는 것처럼 보인다. 또한 다리가 아주 가냘프기 때문에 거칠게 움직였다간 부러진다. 하지만 다리를 잃어도 다음에 탈피할 때 다시 자란다.

장님거미는 눈이 두 개밖에 없는데, 시력도 그다지 좋은 편이 아니다. 장님거미는 예민한 두 번째 다리로 짚어 가며 자기가 가는 길에 있는 사물을 인식한다. 이 연약해 보이는 동물은 실젖도 없고 독도 없지만 엄연한 사냥꾼이다. 이들은 작은 곤충들이나 거미, 진드기, 그리고 다른 통거미를 잡아먹고 산다.

긴다리통거미는 흙의 부식층에 산다. 그들은 흙 속의 틈이나 돌 아래에 알을 낳는다. 다리가 짧은 종은 흙 속에서 살면서 작은 달팽이나 톡토기 같은 토양동물을 먹고 산다.

거미, 전갈, 통거미는 모두 '아라크네(arachnids)' 무리라고도 한다. 이 이름은 그리스 신화에서 유래한 것이다. 이야기에 따르면, 리디아 지방에 사는 소녀 아라크네는 베 짜는 솜씨에 자신이 있어서 아테네 여신에게 시합을 청했다. 여신은 인간인 소녀에게 도전을 받자 너무 화가 난 나머지 아라크네를 거미로 둔갑시켜 버렸다고 한다고 한다.

과학자들의 분류에 따르면, 거미류 가운데 또 다른 중요한 무리로 다음 장에 나오는 응애와 진드기가 있다.

응애와 진드기
- 흙 세계의 기생동물

　토양동물 가운데 일부는 태어나서 죽을 때까지 평생 동안 어둡고 습한 흙 속에서만 산다. 개미, 달팽이, 지렁이 등은 흙 속에 집을 짓고 먹이를 찾거나 짝짓기를 할 때에만 흙 표면으로 올라온다. 몇몇 토양동물들은 흙 세계의 뜨내기일 뿐이어서 잠시 지내다가 그 곳을 떠나 땅 위에서 산다. 나비, 나방, 그리고 파리는 대개 땅 위나 땅 속에 알을 낳는다. 애벌레와 어린 새끼들은 흙 속에서 살면서 먹이를 찾거나 식물을 먹으러 밖으로 기어 나온다. 그러다 어른이 되면 공중으로 날아간다. 식물과 동물에 기생해서 사는 많은 동물들도 흙 속에서 알이나 애벌레로 삶의 일부분을 보낸다.

　거미의 친척인 응애와 진드기는 크기는 작지만 놀랄 만큼 다채로운 생태를 보여 준다. 다른 동물의 피를 빠는 진드기나 다른 동물의 몸에 기생하는 응애가 우리에게 가장 잘 알려져 있는 종류이다. 이 성가신 동물들은 흙 속에서 태어난다. 어린 털진드기는 식물의 줄기를 타고 기어 올라가 무작정 먹잇감을 기다린다. 이 어린 새끼들은 식물을 먹지 못한다. 몇 주 내에 먹잇감이 나타나지 않으면 굶어 죽고 만다. 만약 지나가던 동물이 털진드기가 앉은 식물에 몸을 스치면 100여 마리에 이르는 털진드기가 당장 그 동물의 피부 위로 떨어져 내린다. 또한 참진드기는 기생할 동물의 피부를 찌르고는 머리 전체를 피부 속으로 밀어넣고 체액을 빨아 먹는다. 참진드기의 머리에는 기생할 동물의 피부에 머리를 단단히 고정시켜 주는 창처럼 생긴 닻이 달려 있다. 따라서 빗질을 해도 쉽게 떨어지지 않는다. 그들은 체액을 빨면서 라임병과 로키산홍반열 같은 질병을 일으키는 병균을 옮기기도 한다.

털진드기는 기생할 동물의 피부에 머리를 찔러 넣자마자 좁은 틈을 부드럽게 만드는 화학물질을 한 방울 주사한다. 우물을 팔 때 땅에서 물이 솟아 나오듯 희생 동물의 몸에서 금세 체액이 스며 나오면 털진드기는 그것을 빨아 먹는다. 일부러 털어 내지 않아도 며칠 지나 배가 차면 털진드기 스스로 떨어져 나온다. 땅으로 돌아온 털진드기는 어른으로 자라 짝짓기를 하고 알 한 덩어리를 낳는다.

흙 속에 사는 대부분의 응애는 전혀 기생하지 않는다. 어떤 놈들은 포식성이어서 흙 표면이나 흙 속을 돌아다니며 곤충이나 선충을 잡아먹는다. 또 어떤 놈들은 진딧물의 알을 먹거나 심지어는 다른 응애를 잡아먹기까지 한다. 식물이나 부식물을 먹는 종도 있다.

털진드기 　 흡혈 전의 참진드기 　 흡혈 후의 참진드기

진드기의 종류 진드기는 곤충과 달리 거미처럼 다리가 여덟 개 달린 동물이다.

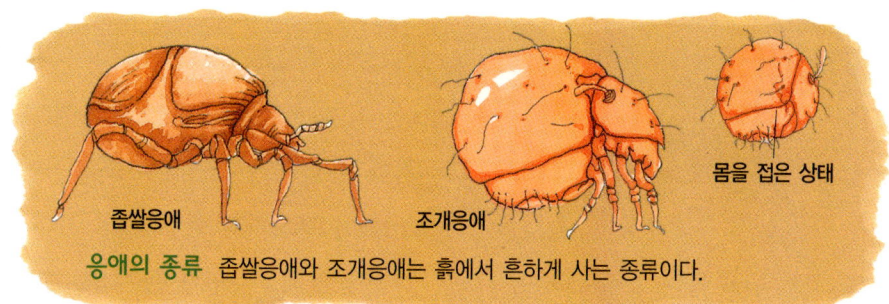

좁쌀응애　　　　조개응애　　　　몸을 접은 상태

응애의 종류 좁쌀응애와 조개응애는 흙에서 흔하게 사는 종류이다.

　흙 속에서 떼지어 살고 있는 응애의 숫자는 엄청나다. 채집한 흙 표본 속에 든 응애의 수는 그 속에 있는 다른 동물을 모두 합한 것보다 더 많을 수도 있다. 그들은 대개 몇 센티미터 깊이의 흙에서 산다. 그 곳에는 먹이가 되는 부식물과 다른 토양동물들이 풍부하다.

　그렇게 엄청난 수가 흙 속에 있는데도 어째서 응애를 본 사람이 거의 없는 걸까? 아마 한 가지 이유는 응애가 너무 작기 때문일 것이다. 가장 큰 놈도 기껏해야 몸 길이가 6밀리미터 정도에 지나지 않는다.

　어린 응애를 발견하면 다리가 여섯 개뿐이라 자칫 곤충이라고 생각할 수도 있다. 하지만 나중에 탈피를 하면 친척인 거미처럼 다리가 두 개 더 생긴다. 응애의 몸은 거미나 곤충과는 사뭇 달라서, 둘이나 셋으로 나뉘지 않고 달랑 하나로 이루어져 있다. 몸이 희뿌옇고 말랑말랑한 것도 있고, 반면에 갈색이나 더 어두운 색으로 딱딱한 갑옷을 입은 것도 있다. 좁쌀응애가 바로 그런 종류인데, 그들은 마치 딱정벌레의 축소판처럼 생겼다. 이 무리에 속하는 것 가운데 조개응애는 몸의 앞부분을 뒷부분에 대고 접을 수 있다. 그렇게 하면 둥글고 단단한 작은 공처럼 보인다. 이러한 능력은 몸의 수분을 유지하는 데 도움이 된다. 덕분에 조개응애는 다른 곳에 비해 훨씬 더 건조한 흙에서도 대부분의 토양동물들보다 잘 살 수 있으며, 수분이 없

기생하는 응애 응애가 검정송장벌레의 등에 빼곡히 붙어 있다.

는 상태에서도 며칠씩 견딜 수 있다. 갑옷은 거미나 딱정벌레 같은 적에게 공격을 받을 때 조개응애의 몸을 보호해 주는 역할을 한다.

딱정벌레는 작은 응애의 최대 천적 가운데 하나지만, 그 몸에 기생하는 응애도 있다. 또 어떤 놈들은 똥 더미를 오가는 덩치 큰 똥풍뎅이의 몸 위에 밀항자처럼 달라붙는다.

응애가 저마다 살아가는 방식이 다양한 것처럼, 짝짓기 방법도 종류에 따라 가지각색이다. 어떤 응애의 수컷에게는 암컷의 몸 속에 직접 정자를 넣을 수 있는 특수 기관이 있다. 다른 종류의 수컷은 앞서 보았던 톡토기처럼 땅에 줄기를 심어 그 끝에 정자 방울을 달아 둔다. 그러면 암컷이 그 위를 지나가다가 정자 방울을 발견하고는 배 속에 담아 넣는다. 대부분의 응애들은 흙 속에 알을 낳거나 뾰족한 산란관으로 식물 줄기에 알을 찔러 넣는다. 하지만 몇몇은 새끼를 낳는다. 뿔좁쌀응애의 어미는 다른 암컷의 몸에 자기 알을 붙여 놓는다. 이 응애 '보육사'는 새끼들이 알을 깨고 나올 때까지 알을 몸에 붙이고 다닌다. 이런 식으로 알을 안전하게 보호할 수 있으므로 뿔좁쌀응애의 어미는 자기 알을 돌보지 않는 동물들이 수십 수백 개의 알을 낳는 것에 비해 한 번에 단 몇 개만 낳는다. 위험한 흙 속의 정글에서 포식자는 먹잇감을 찾아 끊임없이 어두운 틈과 통로를 헤매고 다닌다. 그런 조건에서 생존은 대개 두 가지 방법 가운데 하나를 통해 이루어진다. 엄청나게 많은 개체를 재생산하거나, 특별한 보호 장비나 방어 기술을 갖추거나.

딱정벌레
– 날아다니는 탱크

딱정벌레는 다른 어떤 곤충들보다 그 종류가 더 많다. 놀랍게도 이미 35만 종이 발견되었다. 과학자들은 아직 연구하지 못한 종류가 많을 것이라고 생각한다. 실제로 매달 새로운 딱정벌레 종이 보고되고 있다.

딱정벌레는 생물이 살고 있는 곳이라면 어디서든 찾을 수 있다. 흙 속에서부터 연못이나 하천의 물에까지 퍼져 있다. 식물을 먹고사는 딱정벌레도 있고, 곤충과 온갖 종류의 동물을 사냥하는 포식성 딱정벌레도 있으며, 죽은 동식물과 부식물을 먹고사는 청소부 딱정벌레도 있다. 크기도 천차만별이다. 너무 작아서 맨눈으로 볼 수 없는 것도 있지만 헤라클레스장수풍뎅이(수컷의 몸 길이가 17센티미터에 이른다-옮긴이)와 골리앗꽃무지(몸무게가 80~100그램이나 나간다-옮긴이)는 곤충을 통틀어 가장 크다. 딱정벌레의 몸은 대부분 흐릿하거나 어두운 빛깔을 띠고 있지만, 일부는 새처럼 선명한 빛깔을 띠기도 한다.

딱정벌레는 다른 많은 곤충들처럼 작은 알에서 삶을 시작해, 곧 알을 깨고 나와 희뿌옇고 말랑말랑한 애벌레로 자란다. 포동포동하고 연하던 애벌레는 놀랍게도 어느 새 다리며 날개를 달고, 검은빛이 도는 단단한 갑옷을 입은 딱정벌레로 변한다.

애벌레는 여기저기 기어다니며 먹는 일 말고는 아무것도 하지 않는 듯하다. 애벌레는 식물의 잎이나, 곤충, 또는 자기가 좋아하는 음식이면 무엇이든 몸무게의 몇 배라도 게걸스럽게 먹어치운다. 애벌레가 이렇게 먹성이 좋으니 날마다 무럭무럭 자랄 거라고 생각하겠지만, 곤충은 그런 식으로 자라지 않는다. 곤충의 몸은 '키틴'이라는 물질로 이루어진 질긴 체벽에

장수풍뎅이

흙 세계의 딱정벌레 딱정벌레는 곤충 중에서 가장 번성한 종이다. 그 만큼 다양한 종류의 딱정벌레가 흙 세계에서 살아간다.

가스를 내보내는
폭탄먼지벌레

지렁이를 잡아먹는 큰명주딱정벌레

장수풍뎅이의 한살이

알　　　1령 애벌레　　　3령 애벌레　　　번데기

둘러싸여 있다. 곤충의 이러한 키틴질 체벽은 일종의 외골격으로, 사람의 내골격과는 완전히 다르다. 외골격은 곤충의 근육을 고정시켜 주고 몸이 말라 버리는 것을 막아 주며 적들의 공격을 막는 방어 장비 구실도 한다. 하지만 이 튼튼한 체벽이 단점이 되기도 한다. 그 가운데 하나는 몸이 자라는 데에 맞추어 크기를 늘일 수 없다는 것이다. 배고픈 애벌레는 먹고 또 먹지만 얼마 동안은 전혀 자라지 않는 듯하다. 사실 몸이 자라기는 하지만 새로운 살은 죄다 단단한 체벽 안에 짓눌려 있다.

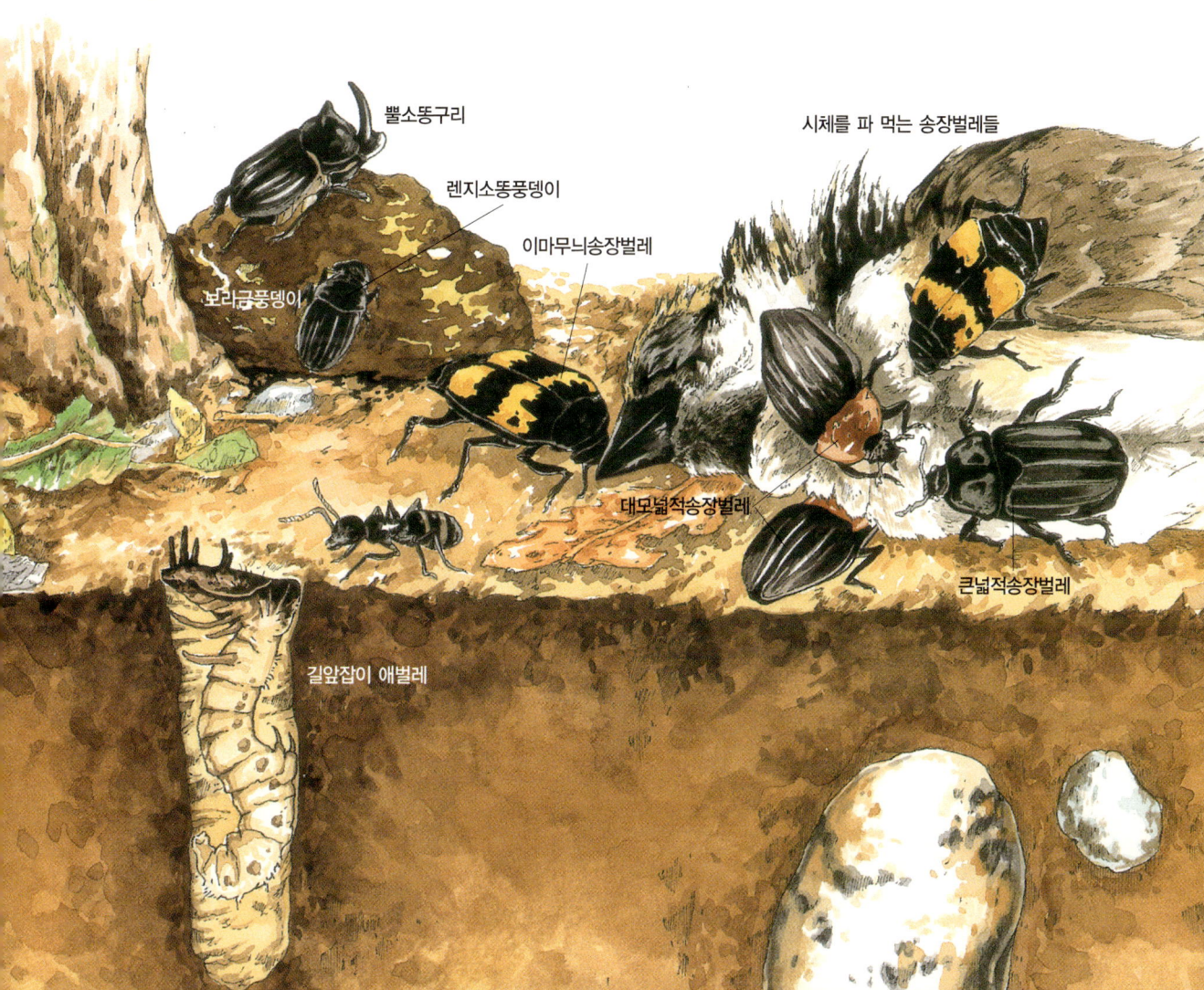

마침내 애벌레의 체벽이 너무 꼭 끼어 금방이라도 찢어질 것처럼 보인다. 그리고 실제로 찢어진다. 새로운 체벽은 헌 체벽 아래에 이미 자리를 잡고 있다. 이 체벽은 아직은 부드러운 상태지만 곧 훨씬 넉넉한 크기로 굳어서 애벌레가 자랄 만한 공간이 확보된다.

성충이 되기까지 딱정벌레 애벌레는 몇 차례에 걸쳐 위와 같은 탈피를 되풀이한다. 그러고 나면 몸에서 애벌레에게 화학 신호를 내보내 '변태'라고 하는 놀라운 변화를 시작해야 할 때가 왔음을 알려 준다. 애벌레는 갈라진 틈이나 돌 아래 같은 안전한 장소를 찾아서 자리를 잡고 자기가 만든 겉껍데기에 둘러싸인다. 이제 그들은 '번데기'가 되는데, 마치 작은 미라처럼 전혀 살아 있는 것 같지 않은 모습이다. 그러나 겉껍데기 속에서 차츰 변화가 일어난다. 거의 몸 전체가 녹아서 액체로 바뀐다. 이 '화학 수프'에서 새로운 기관들이 생겨나고 곧이어 희뿌연 딱정벌레의 형태를 갖추기 시작한다. 마침내 번데기는 거뭇해지고 어른 딱정벌레가 겉껍데기를 찢고 나와 이제까지와는 다른 삶을 살기 시작한다.

딱정벌레는 다른 곤충들처럼 다리가 여섯 개이며, 몸은 머리·가슴·배세 부분으로 나누어진다. 눈과 더듬이 한 쌍은 딱정벌레에게 주위 세계를 볼 수 있게 해 준다. 딱정벌레는 씹을 수 있는 입틀이 있기 때문에 여러 가지 단단한 음식을 먹을 수 있으며, 대부분의 딱정벌레는 수분이 부족한 곳에서도 별 어려움 없이 살 수 있다.

다른 종류의 곤충들처럼 딱정벌레도 날개가 두 쌍이다. 그런데 각 쌍의 쓰임새는 무척 다르다. 앞날개(딱지날개)는 딱정벌레의 몸 전체를 덮고 보호하는 단단하고 질긴 방패 역할을 한다. 이 방패 아래에 뒷날개가 교묘하게 접혀 있다. 이것이 비행날개이다. 딱정벌레는 비행날개를 재빨리 넓게 펼쳐 적을 피하거나 먹잇감을 찾거나 짝짓기를 하러 공중으로 날아오를 수 있다. 딱정벌레는 타고난 비행 기술자가 아니라서 그리 빨리 날지는 못한다. 하지만 날개의 성능은 필요한 일을 해낼 만큼 뛰어나다.

흙에 사는 딱정벌레 가운데 가장 흔한 종류는 먼지벌레이다. 그들은 삽처럼 생긴 발로 흙 속에 굴을 판다. 먼지벌레는 대개 곤충, 지렁이, 달팽이, 그리고 다른 토양동물을 먹고사는 사냥꾼이다. 일부는 적의 공격에 대비해 특수한 화학무기를 개발해 냈다. 그들은 사람의 피부에도 물집을 만들 수 있을 정도로 강력한 가스를 내보낸다. 폭탄먼지벌레(우리나라에는 여섯 종류가 있는데, 지독한 냄새 때문에 '방귀벌레'라고 부르기도 한다-옮긴이)는 화학무기를 이용한 방어에서는 챔피언급이다. 개미나 거미, 개구리처럼 좀 더 큰 적이 폭탄먼지벌레를 공격하면 몸 속에 있는 벽이 단단한 반응실에서 몇 가지 화학물질을 섞는다. 화학물질들은 서로 반응해서 실제로 폭발을 일으키고 100도에 이르는 뜨거운 산성 가스가 되어 항문 주위의 분비샘을 통해 뿜어 나온다. 폭탄먼지벌레는 목표물이 어느 쪽에 있든지 간에 놀랄 만큼 정확하게 조준할 수 있으며, 연발로 쏠 수도 있다. 개미는 이 화학대포에 공격을 당하면 오랫동안 경련을 일으키며 고생을 하고, 개구리조차 허겁지겁 달아나고 만다. 그 사이 폭탄먼지벌레는 제 갈 길을 가면 된다.

길앞잡이는 흙 세계의 또 다른 사나운 사냥꾼이다. 길앞잡이는 대부분 몸 빛깔이 짙거나 흙과 비슷한 색깔이지만, 일부는 밝고 보석 같은 빛깔을 띠기도 한다. 성충들은 곤충, 특히 애벌레를 찾아서 땅 표면을 돌아다닌다. 길앞잡이의 애벌레도 솜씨 좋은 사냥꾼이지만 어른들과는 전혀 다른 기술을 쓴다. 애벌레는 흙 속에 그리 깊지 않은 원통형 굴을 파고 안에 들어가 숨는다. 애벌레의 머리는 꼭대기가 평평한데, 굴 입구를 머리 크기에 딱 들어맞게 만들어 둔다. 그러고는 머리를 앞으로 구부려 흙 바닥과 구별되지 않게 굴 입구를 교묘하게 막고서 가만히 기다린다. 그러다 흙 표면으로 곤충이나 다른 동물이 지나갈라치면 몸을 뒤로 젖히면서 불쑥 튀어나와 칼처럼 길고 날카로운 입으로 먹잇감을 낚아챈다. 먹잇감은 엉버티며 길앞잡이 애벌레를 굴에서 끌어 내려고 하겠지만, 배의 혹에 달린 갈퀴 두 개가 닻 역할을 해서 굴 벽에다 길앞잡이 애벌레를 단단하게 붙들어 준다. 위험하다고 느끼거나 그다지 배가 고프지 않다면 애벌레는 갈퀴를 안으로 당겨 넣고 시원한 굴 바닥으로 내려가 쉰다.

송장벌레와 똥풍뎅이 같은 청소부 딱정벌레들은 흙을 기름지게 하는 데 중요한 역할을 한다. 송장벌레는 주로 동물의 배설물이나 시체, 썩은 식물 따위를 먹고산다. 이들은 '매장충'이라고도 불리는데, 실제로 죽은 동물들의 시체를 땅 속에 묻는다. 그들이 죽은 동물 아래의 성긴 흙을 파내면 시체가 흙 속으로 조금씩 조금씩 빠져 들어간다. 딱정벌레 두세 마리가 이런 식으로 작업을 하면 몇 분 내에 쥐 한 마리를 완전히 흙으로 덮을 수 있다. 그렇게 자기들의 포획물을 묻어 두면 구더기나 흙 표면을 돌아다니는 다른 청소부들과 나누지 않고 흙 속에서 안전하게 먹을 수 있다. 암컷들은 썩은 시체의 살에 알을 낳는다. 알을 깨고 나온 애벌레는 곧바로 준비된 먹이를 먹을 수 있다. 이런 과정을 통해 청소부 딱정벌레들은 동물의 시체를 분해해 그 무기물을 흙으로 되돌려주는 역할을 한다.

똥풍뎅이는 말이나 소처럼 큰 동물들의 똥을 먹고산다. 그들은 흙 속에 이 똥을 묻어 둔다. 하지만 그 가운데 일부분만 먹기 때문에 결국 다른 토양동물들에게 먹이를 공급하는 셈이다. 예를 들어 보라금풍뎅이는 따뜻한 날 저녁에 흙에서 나와 똥을 찾아 여기저기 날아다닌다. 그러다가 똥 더미

왕소똥구리 쇠똥을 둥글게 빚어서 굴리고 간 뒤 굴을 파서 묻는다. 똥은 보통 먹이로 삼는데 그 속에 알을 낳기도 한다.

를 발견하면 거기다 원통형의 수직 굴을 파고 재빨리 똥을 가지고 내려가 수직 굴을 가득 채운다. 그들은 낮이나 날씨가 좋지 않을 때는 모아 둔 똥을 먹는다. 하지만 다시 따뜻해지면 저녁에 날아올라 새로운 똥 더미를 찾아다닌다. 그러고는 예전 굴로 다시 돌아가지 않는다. 가을에는 암컷과 수컷이 짝짓기를 하고 힘을 모아 굴을 여러 개 만든다. 그렇게 만든 굴마다 알을 하나씩만 낳은 뒤 똥으로 가득 채운다. 그러면 애벌레가 자라날 육아굴이 완성된다. 애벌레는 육아굴에서 먹고 자라며 다음 여름에 성충이 되어 밖으로 나온다.

똥풍뎅이 중에서 유명한 놈은 왕소똥구리이다. 고대 이집트 인들은 이 왕소똥구리를 신으로 여겨 숭배했으며, 지금도 왕소똥구리 모양으로 보석

왜콩풍뎅이 콩류나 과일 나무의 잎을 좋아하며 특히 미국에서 큰 피해를 주는 해충이다.

왕사슴벌레 오래된 활엽수 나무를 먹습니다. 성충의 수명은 3~4년 정도로 매우 깁니다.

장신구를 만든다. 왕소똥구리는 신선한 똥을 공처럼 단단하게 뭉쳐 굴리고 다니는 기이한 습관이 있다. 공처럼 만든 똥이 왕소똥구리 자기 몸보다 몇 배나 더 클 때도 있다. 왕소똥구리는 똥 쪽으로 등을 돌려 물구나무서듯 앞다리로 땅을 단단하게 버티고 뒷다리로 똥을 밀면서 굴린다. 때로는 다른 왕소똥구리가 따라와서 똥을 굴리는 걸 돕기도 한다. 간혹 뒤따라온 왕소똥구리가 똥을 훔치려고 할 때도 있지만, 대개는 두 마리가 함께 똥을 묻고 땅 속에서 나누어 먹는다. 나중에 짝짓기 시기가 되면 왕소똥구리는 알을 낳을 서양배 모양의 똥 육아굴을 만들기 위해 암수가 힘을 합쳐 영양이 풍부한 똥을 찾아다닌다. 알을 깨고 나온 애벌레는 똥이 가득하고 안전한 육아굴 속에서 양껏 똥을 먹는다.

사슴벌레도 쓸모 있는 청소부 딱정벌레이다. 이 숲 속의 거주자들은 쓰러진 나무를 분해한다. 수컷의 커다란 턱이 수사슴의 뿔과 무척 닮아서 그런 이름이 붙었다. 일부 과학자들은 사슴벌레가 짝을 차지하려고 싸울 때 큰 턱을 사용한다고 여긴다. 하지만 사슴벌레의 턱은 너무 무겁고 굼떠서 어떤 물체, 심지어 다른 사슴벌레를 물기에도 성능이 썩 좋아 보이지는 않는다. 암컷의 턱은 훨씬 작지만, 어떤 사람이 사슴벌레를 부주의하게 다루다가 물리면 피를 흘릴 정도로 강력하다.

곤충과 다른 해충들을 먹고사는 청소부 딱정벌레와 포식성 딱정벌레는 사람들에게 매우 이로운 존재이다. 하지만 딱정벌레 무리 가운데에도 큰 피해를 주는 해충들이 많다. 왜콩풍뎅이 떼는 몇 분 만에 나무 한 그루의 잎과 열매들을 죄다 갉아먹을 수 있다. 잎을 갉아먹으면 잎맥만 앙상하게 남는데, 농부들은 이것을 '투명한 잎'이라고 불렀다. 이름처럼 감자 잎을 좋아하는 감자잎벌레와 식물을 먹고사는 다양한 딱정벌레 또한 농작물에 큰 피해를 입힌다. 풍뎅이는 두 가지 방식으로 식물에 해를 끼친다. 성충은 잎을 먹고 애벌레는 흙 속에서 식물의 뿌리를 갉아먹으며 자란다. 소용돌이 모양의 하얀 애벌레가 다 자라는 3~4년 동안 식물은 영양부족에 시달리게 된다.

딱정벌레나 다른 해충들을 막는 것은 생각보다 어려운 문제이다. 애벌레는 흙 속에서 성장하기 때문에 이로운 놈이든 해로운 놈이든 흙 속에서 살고 있는 다른 동물들까지 모두 죽이지 않고는 잡기가 무척 어렵다. 화학적인 방법은 오히려 역효과를 불러일으킨다. 실례로 농부들이 살충제를 뿌려 고자리파리를 없애려고 한 적이 있었다. 하지만 농부들은 피해가 줄기는커녕 더 늘었다는 사실을 곧 알게 되었다. 이후 농부들은 고자리파리의 생태를 연구해 그 알이나 애벌레, 번데기를 먹는 포식성 딱정벌레가 30종이 넘는다는 사실을 밝혀 냈다. 살충제는 오히려 익충들만 죽였고 해충에게는 거의 피해를 입히지 않았다. 지금 과학자들은 해충을 막을 수 있는 생물학적인 방법을 찾고 있다. 그들은 곤충의 생태를 연구해 해충을 죽일 수 있는 병균과 천적을 찾으려고 한다. 그들은 또한 짝짓기를 못 하게 하는 방법도 연구하고 있다. 그렇게 하면 새로운 해충 세대가 태어나지 못할 것이다.

   예를 들어 Bt는 지금 아주 널리 쓰이고 있는 '자연 살충제'이다. Bt란 흙에서 발견한 세균인 '바실루스 투링겐시스(*Bacillus thuringiensis*)'의 머리글자로, 해충의 애벌레에게 이 세균을 감염시키면 효과가 크다. 그 과정을 살펴보면 이렇다. (세균 형태로 남아 있는) Bt 포자를 포함하고 있는 가루를 식물 잎에 바른다. 잎을 먹은 곤충 애벌레들은 결국 Bt를 먹은 게 된다. 그 애벌레들의 몸 속에서 Bt가 자라고 성장하기 시작한다. 세균은 애벌레들이 성충으로 자라 알을 낳기 전에 애벌레를 죽일 수 있는 독을 만드는 것이다. 어떤 Bt는 나비와 나방의 애벌레를 죽인다. 어떤 것은 딱정벌레 애벌레에게 효과가 있고, 또 다른 것은 모기와 먹파리를 죽일 수 있다. 이를 연구하는 과학자들은 (Bt 독을 만들라는 명령을 받은) 세균에서 뽑은 유전자를 식물에 끼워 넣어 곤충에 대한 저항력이 강한 옥수수 같은 식물들을 만들어 내기도 했다.

개미
- 지하 왕국의 백성들

여러분 집 뒤뜰에는 숨겨진 왕국이 하나 있을 것이다. 눈에 보이지 않는 지하의 넓은 동굴 안에서 수천에 이르는 노동자들이 뼈빠지게 굴을 파고, 청소를 하고, 먹이를 모아 저장하고, '공동 육아'로 새끼들을 기른다. 군인들은 왕국의 국경을 지키며 외부 침입자가 있는지 감시한다. 이 왕국은 왕이 아니라 여왕이 통치한다. 신하들이 그녀를 둘러싸고 일일이 시중을 든다. 여왕은 그들 모두의 왕이자 어머니이기 때문이다.

어두운 곳에 세워진 개미 왕국에는 일개미들이 한 번에 한 알갱이씩 흙을 날라 가며 힘들게 판 굴과 방이 사방팔방으로 뻗어 있다. 어떤 개미집은 진흙과 잔가지로 만든 작은 언덕 모양을 하고 있다. 개미집은 땅 아래로 5미터 이상 내려가기도 하며, 정말 큰 개미집은 들판이나 목초지 아래에 4000평방미터에 걸쳐 펼쳐져 있기도 하다.

개미는 전형적인 곤충의 모습을 하고 있다. 다리는 여섯 개이며, 몸은 머리·가슴·배 세 부분으로 이루어져 있다. 세 부분의 경계는 아주 뚜렷해서 크기가 다른 콩 세 개를 한 줄에 꿴 것처럼 보인다. 개미 중에서 평생을 지하에서 보내는 종은 완전히 장님이다. 하지만 그 밖의 종들은 대부분의 다

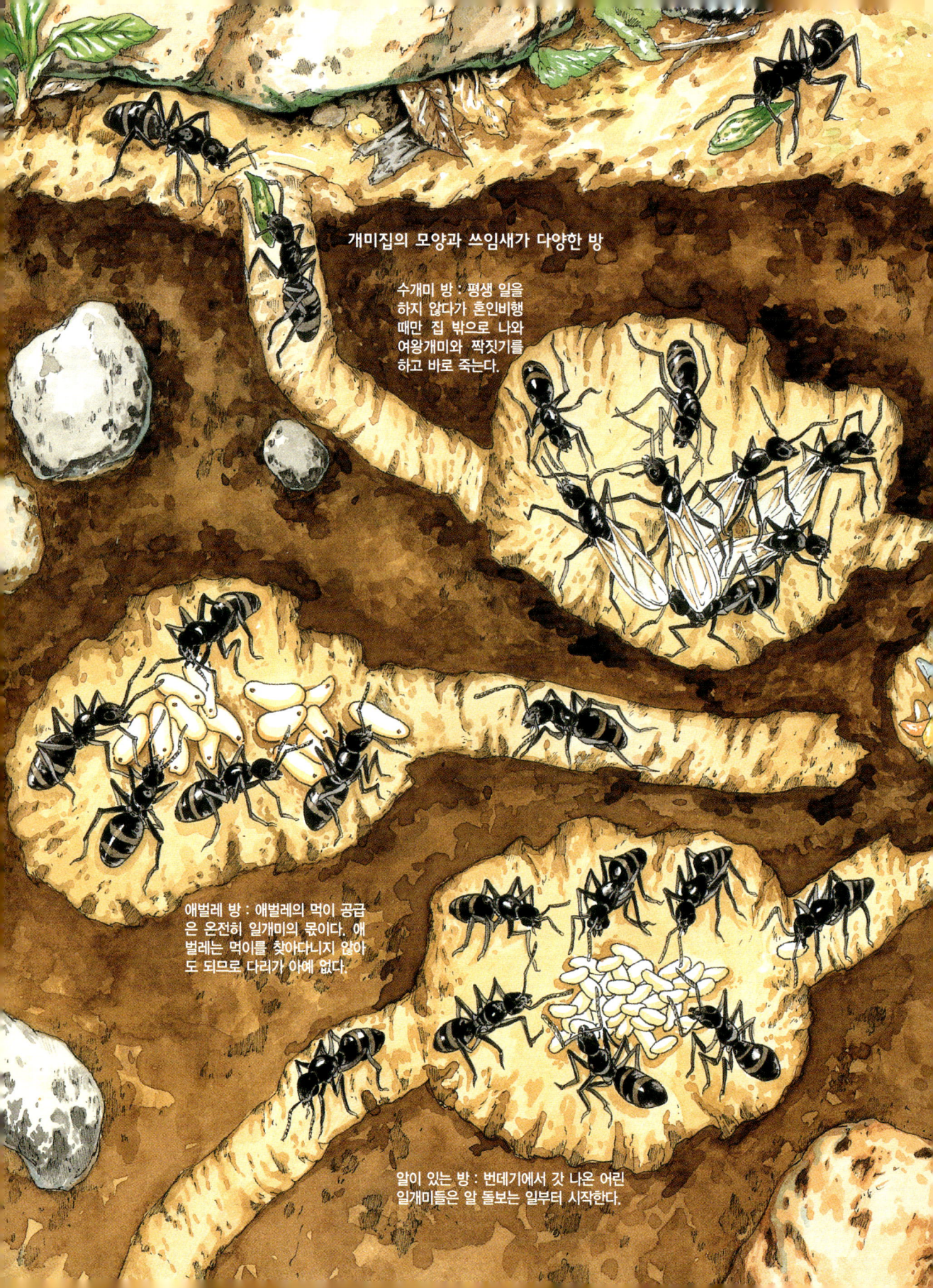

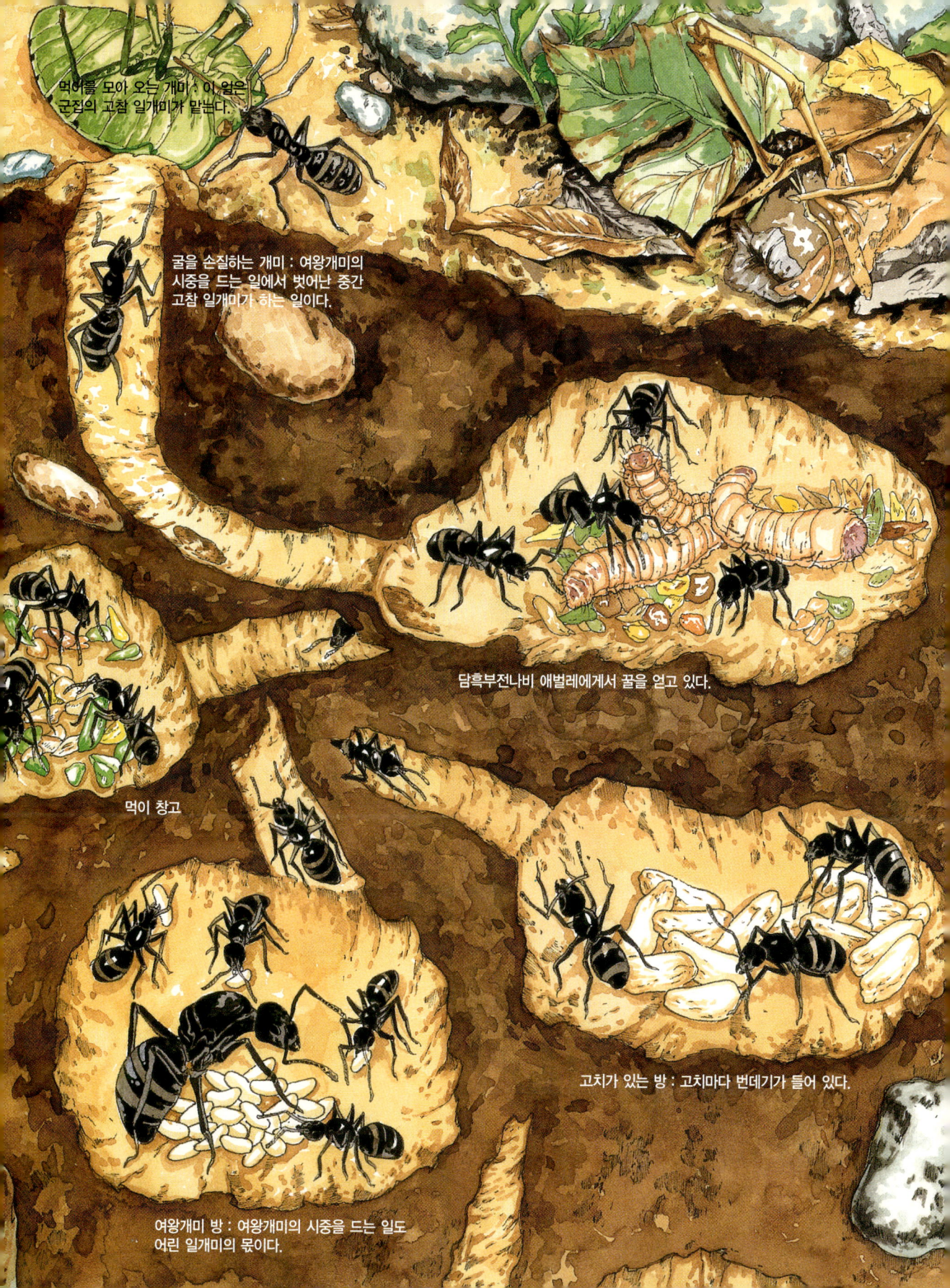

른 곤충들처럼 겹눈이 한 쌍 있다. 곤충의 눈은 사람의 눈과는 사뭇 다르다. 사람의 눈에는 사진기나 망원경에 쓰이는 것과 같은 렌즈가 하나씩 있다. 이 렌즈들은 눈에 닿는 빛의 초점을 모아 우리가 보는 상을 만든다. 개미의 겹눈은 몇십 개 또는 몇천 개의 작은 낱눈들이 한데 모여 있는 것이다. 개미는 이러한 작은 홑눈들로 세계의 작은 상들을 부분부분 보게 된다. 이 작은 부분들이 개미의 뇌에서 합쳐져 모자이크 같은 전체 그림을 만드는 것이다.

사람들과는 달리 눈이 좋은 개미들조차 시력에 의존하지 않는다. 개미는 촉각, 특히 머리 꼭대기에 있는 가느다란 더듬이 한 쌍으로 그들에게 훨씬 더 중요한 정보들을 얻는다. 또한 그들은 미각과 후각이 뛰어나다. 실제로 개미는 자기들끼리 마주칠 때마다 끊임없이 냄새 맡고 핥는다. 자기 군집

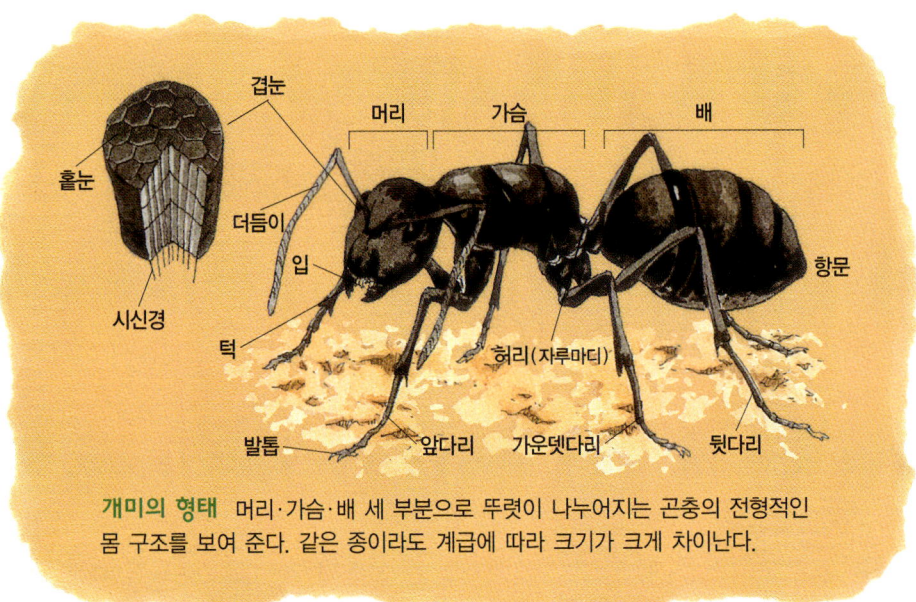

개미의 형태 머리·가슴·배 세 부분으로 뚜렷이 나누어지는 곤충의 전형적인 몸 구조를 보여 준다. 같은 종이라도 계급에 따라 크기가 크게 차이난다.

에 속하는 개미인지 알아보는 방법이다. 냄새를 맡아 다른 무리에 속하는 낯선 개미라는 것을 확인하면 곧바로 공격해서 죽인다. 하지만 침입자가 들키지 않고 몰래 숨어들어 자기 몸에 그 개미집의 냄새를 배게 하면 자기들과 전혀 닮지 않은 침입자라도 그대로 둔다.

어떤 개미들은 이런 식으로 속임수를 쓴다. 다른 무리의 여왕개미 한 마리가 개밋둑을 넘어 몰래 들어와서 자기 몸에 그 개미집 냄새가 밸 때까지 기다린다. 그런 다음 대담하게 황실로 쳐들어가서 진짜 여왕을 죽이고 왕국의 일꾼들을 자기 노예로 만든다. 또한 일종의 '강도' 개미들은 덩치가 큰 개미의 집과 이어지게 좁다란 굴을 판다. 강도 개미는 배가 고플 때마다 큰 개미의 집을 습격해 그들이 저장해 둔 먹이나 큰 개미의 애벌레를 훔친다. 덩치가 큰 개미들은 도둑맞은 걸 알고도 굴이 좁기 때문에 강도 개미를 뒤쫓지 못한다.

어떤 동물들은 개미집에서 지내며 먹이를 공유한다. 진딧물, 딱정벌레, 톡토기, 귀뚜라미, 쥐며느리, 담흑부전나비 애벌레 같은 곤충들이 개미집의 손님으로 살아간다. 그들 가운데 담흑부전나비 애벌레는 등에서 단맛이 나는 꿀을 뿜어 낸다. 개미는 이 꿀을 아주 좋아하기 때문에 이 애벌레를 잘 돌보아 주고, 심지어 자기들의 알이나 애벌레를 먹이로 주기까지 한다.

개미는 군집 생활을 하는 곤충들 가운데 하나이다. 그들은 함께 살고 일하며 군집이 살아가는 데 필요한 여러 가지 일들을 나누어서 처리한다. 일부는 입이 칼처럼 날카로운 병정개미로, 사나운 싸움꾼이다. 병정개미들은 침입자를 막아 집을 지키며 다른 개미집을 습격하러 나간다. 일부는 일개미이다. 일개미들은 집을 짓고 청소를 하고 먹이를 모아 저장하며, 여왕개미와 어린 개미들을 돌본다. 놀랍게도 병정개미와 일개미는 모두 암컷이

개미들의 혼인비행 여름이 되면 날개 달린 여왕개미들과 수개미들이 개미 둥지에서 나와 한꺼번에 날아오른다.

다. 여러분이 지금까지 보았던 개미들은 모두 일개미일지도 모른다. 그들은 먹이를 찾아 집 밖으로 여행을 떠나는 개미이다. 일개미는 빵 부스러기나 음식 찌꺼기를 발견하면 집으로 가져간다. 개미는 힘이 아주 세서 자기 몸집의 몇 배나 되는 짐도 옮길 수 있다. 만약 혼자서 옮기기에 너무 큰 음식이 있다면 개미는 집으로 돌아가 흥분해서 뛰어다니며 다른 개미들을 찌르고 자기 배 부분을 문질러 시끄러운 소리를 낸다. 그러면 일개미 가운데 몇몇이 집을 나서 음식이 있는 곳으로 간다. 그들은 음식을 처음 발견한 개미가 함께 가지 않아도 그 곳을 찾을 수 있다. 왜냐하면 음식을 처음 발견한 일개미가 집으로 돌아오는 길에 사려 깊게 배 끝을 이따금 땅에 스치며 냄새를 묻혀 놓았기 때문이다.

개미집의 안방에 물러나 있는 군집의 여왕은 자기 임무인 알낳기에 전념한다. 여왕개미는 혼인비행 때 수컷에게 받은 정자를 자기 몸 속에 저장해 두고서 살아 있는 15~20년 동안 필요할 때마다 사용한다. 여왕은 알을 낳기 전에 선택을 한다. 자기 알에 정자를 섞으면 수정이 되고, 그 알에서 자란 개미는 암컷이 된다. 아니면 여왕개미는 정자낭을 단단히 조여 수정이 되지 않은 알을 낳는다. 그러면 수컷이 되는데, 이들을 '수개미'라고 한다.

하지만 수개미는 거의 태어나지 않는다. 그들은 집에서 아무 일도 하지 않는다. 수개미가 평생에 하는 단 한 가지 일은 어린 여왕개미와 짝짓기를 하는 것이다.

군집에 속해 있는 개미들은 대부분 일개미이다. 하지만 군집이 커지고 제대로 정착했을 때 개미의 애벌레 가운데 일부가 큰 덩치에 날개를 단 모습으로 성장한다. 이들이 어린 여왕개미들과 수개미들이다. 그들은 몇 주 동안 바깥 날씨를 살피며 집 안에 머문다. 그러다가 어느 뜨거운 여름날 일제히 날아오른다. 이것이 개미의 혼인비행이다. 여왕개미들과 수개미들은 쌍쌍이 날며 짝짓기를 한다. 수개미는 곧 죽지만 어린 여왕개미들은 새로운 군집을 세우러 떠난다. 물론 날아다니는 개미 떼를 좋아하는 새들과 다른 포식자들을 잘 따돌리고 살아남아야 한다.

어린 여왕개미는 스스로 땅 속이나 썩은 통나무 안에 작은 방을 파고 입구를 막는다. 조용하고 안전한 그 곳에서 여왕개미는 날개를 떼어 내고 알덩어리를 낳는다. 알을 깨고 새끼들이 나오면 여왕개미는 직접 그들을 돌보고 자기 몸 속에 저장해 놓은 음식을 먹인다. 여왕개미는 지치고 배가 고프지만 그런 시련도 이제 곧 끝날 것이다. 처음 태어난 새끼개미들이 모두 일개미이기 때문이다. 그들은 몸집이 좀 작은 편이다. 여왕개미가 그들이 자라는 동안 충분히 먹일 수 없어서이다. 하지만 그들은 재빨리 군집의 모든 일을 도맡는다. 일개미들은 집을 더 크게 늘리고 먹이를 모으고 여왕개미와 여왕개미가 낳은 알을 돌본다. 여왕개미는 알을 낳는 일 말고는 아무것도 하지 않는다.

개미는 종에 따라 먹이의 종류도 무척 다양하다. 대부분은 동물의

알을 돌보는 여왕개미 혼인비행 후 자기가 만든 방에서 처음 알을 낳고, 직접 돌본다.

시체를 먹고산다. 일부는 지독한 사냥꾼이어서 흙 속에 사는 톡토기와 다른 곤충을 먹이로 삼는다. 몇몇 개미들은 잡초와 잔디의 씨앗을 모아 땅 속 곡물 창고에 저장한다. 저장한 씨앗에서 싹이 트기 시작하면 씨앗을 밖으로 옮겨 개밋둑 근처에 뿌린다. 씨앗은 뿌리를 내리고 싹을 틔운다. 이런 개미의 행동을 보고 어떤 사람들은 개미가 정원을 가꾼다고 생각하게 되었다. 하지만 개미가 씨앗을 밖으로 가지고 나왔을 때 이후에 일어날 일들을 미리 알고 있었다거나 어떤 목적을 가지고 그런 행동을 했다고 믿을 만한 근거는 없다.

어떤 '농부' 개미는 지하에 농장을 가꾸기도 한다. 가위개미는 세계 곳곳에서 볼 수 있는 종이다. 그들은 집 밖으로 나온 뒤 나무와 덤불로 기어 올라가 잎을 잘라 낸다. 그러고는 나뭇잎 조각들을 마치 우산처럼 머리 위로 치켜든 채 일렬종대로 줄지어 내려온다. 일개미들은 그들의 지하 동굴로 내려와 잎을 씹어서 부드럽게 만든 후 그 조각을 평평한 바닥에 뿌린다. 그

가위개미 나뭇잎을 잘라 우산처럼 들고 옮긴다. 이들은 가루로 만든 나뭇잎에 버섯을 재배하는 농사꾼들이다.

리고 나뭇잎 가루 위에다 버섯 포자를 기른다. 여왕개미가 혼인비행 때 입 안에 있는 특수 주머니에 감추어 온 버섯 포자들이다. 가위개미는 버섯 농장을 정성껏 돌본다. 자기들의 배설물로 농장을 기름지게 만들고 잡초가 우거지면 뽑아 버리기도 하면서 말이다. 이 개미들은 이렇게 재배한 버섯을 먹고산다.

또 다른 개미는 '목동'이다. 그들은 식물의 즙을 빨아 먹고 사는 작고 포동포동한 진딧물 떼를 가축처럼 돌본다. 진딧물은 개미가 좋아하는 꿀을 만들어 낸다. 목동 개미는 자기가 돌보는 진딧물 '소'들 꽁무니에 바짝 다가서서 더듬이로 진딧물의 배를 툭툭 치며 재촉한다. 그러면 진딧물의 몸에서 액체가 방울져 나온다. 개미는 솜씨 좋게 입으로 액체 방울을 받아서 꿀꺽 삼킨다. 개미의 위는 두 개다. 첫 번째 위는 '사회적 위'이다. 개미는 거기에 임시로 음식을 저장했다가 나중에 군집의 개미들과 나누어 먹는다. 두 번째 위에서는 자기 필요에 따라 음식을 소화한다.

많은 개미들은 진딧물 '소 떼'를 잘 돌본다. 그들은 이 식물에서 저 식물로 진딧물들을 몰고 다닌다. 겨울에는 자기들의 집에다가 진딧물의 알을 보관해 주기도 한다. 만약 진딧물이 적에게 공격을 당하면 개미는 그들을 지키려고 사납게 싸운다. 종종 습격자가 다른 개미인 경우도 있는데, 그들은 동물 세계의

개미와 진딧물 개미가 자기가 돌보는 진딧물 '가축'의 꽁무니에서 달콤한 꿀을 짜내고 있다.

'가축 도둑'이다.

과학자들은 개미가 곤충 가운데 지능이 가장 높은 축에 들 것이라고 생각한다. 개미는 먹이가 있는 곳으로 가는 길을 배울 수 있고, 일부는 땅에 묻혀 두었던 냄새가 사라졌을 때조차 길을 기억할 수 있다. 개미는 열 번의 시행착오를 거친 뒤에는 복잡한 미로를 통과하는 방법을 배운다. 조금 뒤 개미는 실수하지 않고 미로를 통과한다. 하지만 개밋둑에서 먹이를 향해 설치된 미로를 겨우 배웠는데 미로의 방향을 반대로 바꾸어 놓는다면 개미는 처음부터 다시 시행착오를 겪으며 배워야 한다. 개미는 먹이나 집에 이르는 길에 있는 장애물들을 극복하듯이 자기에게 주어진 문제를 해결할 줄 안다. 개미는 가장 흥미로운 토양동물 가운데 하나다.

집에서도 쉽게 개미 군집을 만들 수 있다. 땅 위에서 음식 조각을 나르고 있는 개미를 발견하면 어디로 가는지 조심스럽게 지켜본다(미끼로 사탕 부스러기를 떨어뜨리면 몇몇 개미 정찰병들의 관심을 끌 수 있을 것이다). 이렇게 개미가 개미집의 출입구로 안내해 주면 개미들이 들락날락하는 구멍을 찾은 뒤 넓게 원을 그리며 조심스럽게 땅을 판다. 희뿌연 애벌레, 번데기, 알과 함께 되도록 많은 개미들을 살며시 퍼올린다. 개미들 사이에서 눈에 띄게 큰 개미는 아마 여왕개미일 것이다.

애완동물 가게나 장난감 가게에서 모형 개미집을 팔기도 하지만, 입구가 넓은 큰 유리병 안에 조금 작은 병을 넣어 개미집을 만들면 된다. 두 병 사이의 좁은 공간을 흙으로 채우고, 바깥쪽 큰 병 둘레를 두꺼운 갈색 종이로 감싼다. 흙 위에 채집한 개미, 애벌레, 번데기, 알을 내려놓고 큰 병 입구에 크기가 꼭 같은 종이를 덮고 공기가 잘 통하도록 바늘로 구멍을 많이 뚫어 둔다. 며칠에 한 번씩 설탕, 익힌 고기, 또는 죽은 곤충들을 흙 위에 넣어 주어 개미들이 먹도록 한다. 흙은 습기가 있어야 하지만 축축할 정도가 되면 안 된다.

1주일 정도 지나 개미들이 새 집을 완성했을 때쯤 종이를 떼어 내면 흙 속에 파 놓은 여러 갈래의 굴을 볼 수 있을 것이다. 확대경을 가지고 개미가 사는 모습을 요모조모 관찰할 수도 있다. 개미가 자기 몸을 어떻게 가꾸는지, 어린 새끼들을 어떻게 돌보는지를 볼 수 있다. 다리를 몸 쪽으로 끌어당긴 채 잠을 자고 있거나, 깨어나 기지개를 켜는 개미를 볼 수도 있다.

이렇게 개미집을 만들면 여러 가지 실험 관찰을 할 수가 있다. 한 마리가 옮기기에는 아주 큰 먹이를 개미들은 어떻게 다룰까? 물을 가득 채운 병뚜껑 한가운데에 먹이를 띄워 두면 어떤 일이 일어날까? 개미들은 먹이를 향해 헤엄을 칠까? 병에서 개미 한 마리를 꺼내 밖에 두면 새로운 집으로 돌아가려고 할까, 아니면 달아나 버릴까? 병에 낯선 개미를 넣으면 어떤 일이 일어날까? 낯선 개미가 공격당하지 않게 보호할 수 있는 방법이 있을까? 이것들은 몇 가지 예일 뿐이다. 또 어떤 실험 관찰을 할 수 있을까?

사람과 흙

해마다 점점 더 많은 흙이 아스팔트나 콘크리트로 덮이고 있다. 그리고 거기에 고속도로, 빌딩, 공항 들이 새로 들어선다. 건물이 땅을 차지하면 그 흙은 생명을 주는 산소가 차단되기 때문에 토양동물들 대부분이 죽을 수밖에 없다. 사람들이 지방으로 퍼져 나가 살게 되면서 숲과 들판이 점차 줄어들고 있다. 그리고 그 자리에 새롭게 생겨난 뒤뜰과 잔디밭에는 전과는 아주 다른 토양동물들이 번식하게 된다.

댐 하나가 세워질 때마다 수십만 또는 수백만 평방미터의 땅이 물에 잠기고 토양동물들은 대부분 익사한다. 습지를 간척하면 흙이 마르기 때문에 그 곳에 살던 토양동물들 역시 거의 살아남지 못한다.

농부들이 들판을 쟁기질할 때도 흙 세계 공동체에는 큰 변화가 일어난다. 농작물을 잘 자라게 하려고 사용하는 비료와 살충제는 수확을 늘리는 좋은 조건을 만들지는 모르지만, 토양동물의 거의 모든 무리를 죽인다.

우리는 거의 날마다 환경오염에 대해 이야기한다. 공장의 폐수와 자동차의 배기가스는 물과 공기를 오염시키고 있다. 그릇을 닦고 옷을 빠는 데 사용한 합성세제는 강, 하천, 호수로 흘러들어간다. 농업용 비닐과 각종 일회

용품들은 시골을 쓰레기 천지로 만든다. 흙 미생물들도 그것들을 분해하지는 못한다. 겨울철에 고속도로에 쌓인 눈을 녹이려고 사용하는 염화칼슘은 길가의 나무와 관목들을 죽일 수 있고, 흙을 통해 식수 공급원에 스며들 수

토양파괴 도로 공사를 하려고 언덕을 깎아 내고 있다. 이런 경우 흙 세계는 심각한 훼손을 피할 길이 없다.

있다. 과학자들은 이런 모든 오염 물질들이 흙 세계에 얼마나 큰 영향을 끼치고 있는지 아직까지 정확하게 알아 내지 못했다. 하지만 그것이 중대한 문제이며 점점 더 심각한 영향을 끼치고 있다는 사실만큼은 확실하다.

사람들은 하루빨리 자기들의 행동이 흙 세계를 어떻게 변화시키고 있는지 배우고 또 배워야 한다. 사람들의 삶 또한 흙에 의존하고 있기 때문이다. 사람들이 먹는 과일과 채소는 흙에서 자란다. 가축들은 풀을 뜯어 먹고 흙에서 자란 식물로 만든 사료를 먹는다. 토양동물들은 죽은 생물에서 무기물과 다른 영양소를 분리해 다른 생물들이 쓸 수 있게 만든다. 이 물질들은 흙을 통해 식물에게 전해지고, 먹이연쇄에 따라 결국 사람들의 몸으로 들어온다. 살충제와 오염 물질도 이와 똑같은 먹이연쇄를 따라 움직인다.

이제, 과학자들은 사람들의 행동이 흙과 사람들 자신의 세계에 어떤 영향을 주고 있는지 알아 내려고 토양동물들을 연구하기 시작했다. 상태가 저마다 다른 흙에서 살고 있는 다양한 종의 개체군를 비교하면 오염 물질과 온갖 독성 물질이 토양 생태계에 어떤 영향을 끼치는지 알 수 있다. 톡토기, 응애, 지렁이, 딱정벌레 같은 동물들에 대한 연구는 어떻게 하면 해로운 결과를 줄이고 이로운 토양동물들의 번성을 도울 수 있는지에 대한 새로운 통찰력을 줄 것이다.

| 옮긴이의 말 |

땅나라 일꾼들의 삶

족제비를 본 적 있나요? 얼마 전 한밤중에 서울 한복판, 그것도 골목마다 시멘트 보도블록이 깔려 있고 집집마다 높은 담장이 둘러쳐진 골목길에서 족제비와 마주쳤습니다. 어릴 적 아직 골목길이 맨흙이었던 시절에 돌로 쌓은 축대 앞에서 마주쳤던 놈과 똑같았답니다. 어쩌면 몇 달 전에 가까운 골목길에서 비슷한 족제비를 본 적이 없었다면 '고양이겠지…….' 하고 그냥 지나쳤을지도 모릅니다. 혹시 같은 녀석이 아닐지도 모르겠지만 족제비였던 것만큼은 확실합니다. 이 척박한 환경에서 족제비를 만나니 가슴이 콩닥콩닥 뛰며 '부디 잘 살아라.' 하고 바라는 마음이 생겼습니다.

이런 느낌을, 이 책을 통해 땅나라 동물들의 삶을 들여다보면서 다시 한 번 맛보았습니다. 흙을 밟고 다닐 기회가 거의 없지만, 우리 이웃집 마당의 흙, 강가의 둔덕과 공터의 흙, 공원의 흙, 들판의 흙, 그리고 산과 숲의 흙에는 무척이나 많은 동물들이 살고 있습니다. 굴 건축가이자 쟁기질 선수인 지렁이, 단단히 무장한 청소부 쥐며느리, 미끄럼쟁이 달팽이와 민달팽이, 몇십 개나 되는 다리를 쉴 새 없이 움직이는 지네와 노래기, 높이뛰기 선수 톡토기, 매복한 사냥꾼 거미, 날아다니는 탱크 딱정벌레, 지하 왕국의 건설자 개미……. 이러한 땅나라 동물들이 생태계에 없어서는 안 될 소중한 존재라는 사실을 새삼 깨달았습니다.

"모든 것은 흙에서 나서 흙으로 돌아간다."라는 말이 있습니다. 사람도 마찬가지입니다. 우리는 흙에서 자란 쌀, 밀, 콩 같은 식물을 먹거나, 식물을 먹고 자란 소나 돼지, 닭 같은 동물을 먹거나, 식물을 먹이로 삼는 동물을 먹고사는 또 다른 동물을 먹습니다. 더구나 식물은 우리가 숨을 쉴 수 있도록 산소까지 만들어 줍니다. 그런데 식물이 살아가는 데에는 물도 반드시 있어야 하지만 몇 가지 무기물도 없어서는 안 됩니다. 흙에 있는 이 무기물이 식물에게는 꼭 필요한 영양제랍니다. 그리고 인간을 포함한 모든 생물체는 죽어서 흙에 묻힙니다. 그러면 수많은 토양 동물들이 죽은 생물체들을 분해해 흙으로 되돌립니다.

이 책에는 흙 속 세계에서 살아가는 친구들의 놀라운 이야기가 담겨 있습니다. 지렁이·달팽이·쥐며느리가 흙을 기름지게 만들려고 어떤 일들을 하는지, 눈으로 보지 않고도 먹이가 어디에 있으며 위험이 도사리고 있는지 하는 것들을 어떻게 느끼는지, 다리 없이 어떻게 이동하는지, 먹이 사냥을 어떻게 하는지, 왜 노래기는 물결치듯이 움직이는지, 곤충들의 독특한 탈피 과정은 왜 어디서 어떻게 일어나는지, 위험에 처했을 때 어떻게 몸을 숨기는지, '청소부'라고도 불리는 송장벌레는 동물의 죽은 시체를 어떻게 파묻는지, 왕소똥구리는 왜 동물의 똥을 모으는지 하나하나 들려줍니다. 땅나라 주민들의 구애춤과 짝짓기, 알(새끼)낳기, 새끼키우기 이야기도 귀를 솔깃하게 만듭니다. 개미집을 터는 몸집 큰 강도 개미 이야기까지도⋯⋯.

그 중에서 군집 생활을 하는 개미의 이야기는 우리가 사는 사회를 되돌아보게 합니다. 군집의 인구밀도가 너무 높아지면 어린 여왕개미는 풍요로운 생활을 포기하고 수개미와 혼인비행을 한 뒤에 낯선 땅으로 모험을 떠납니다. 힘든 시간이 기다리지만 스스로 새로운 군집을 만들고 그 곳을 채워 나갑니다.

개미에게는 자기 자신을 위한 위와 동료들과 함께 나눌 '사회적 위'가 있다는 이야기도 교훈을 줍니다. 육식동물의 세계도 그렇지만, 개미들 또한 필요 이상으로 소유하려고 하지 않습니다. 필요 이상 욕심을 부리는 동물은 지구에서 사람밖에 없답니다.

　이 책에 나오는 동물들이 "지구라는 행성의 주인은 누구인가요?" 하고 조용히 묻고 있는지도 모릅니다. '사람은 만물의 영장'이라는 말을 다시 한 번 생각해 보는 시간이 되었으면 좋겠습니다.

2007년 1월 옮긴이 김수영

찾아보기

ㄱ

가시땅거미 64
가위개미 92
가죽거미 65
감자잎벌레 83
갑각류 41
갑옷
　거미 66
　노래기 52
　딱정벌레 75
　응애 73
　쥐며느리 42, 44
개똥지빠귀 27
개미 54, 57, 85, 88, 92, 94
　개미집 85, 86, 90
　겹눈 88, 88
　고치 8, 87
　군집 89, 91, 94
　병정개미 89
　수개미 86, 90, 91
　알 9, 86
　애벌레 86
　여왕개미 8, 87, 89~91, 91
　일개미 8, 85, 89~91
　혼인비행 90, 90, 91, 93
거미 61, 61, 63, 68
　더듬이다리 62, 66
　실관 62
　실샘 62
　실젖 61, 62
　알주머니 63
　엄니 61, 62
　위턱 62
　흡위 62
거미줄 60, 63, 64, 65, 67
　깔때기 그물 65
　나선실 63
　둥근 그물 65
　문 달린 그물 65
　방사실 63
　안전줄 63
　전대 그물 65
거미줄 비행 68
검은과부거미 68
검정송장벌레 74
곤충 53, 62, 75, 85
골리앗꽃무지 75
공노래기 51, 52
공벌레 42, 43, 43, 51
구애춤
　거미 66
　전갈 69
굴
　노래기 51
　지렁이 29
　똥풍뎅이 81
굴파기 50
기공 10
기생 71, 72, 74
긴다리통거미 70
긴호랑거미 8
길앞잡이 79
　애벌레 8, 77, 79, 80
꽃게거미 64

ㄴ

내골격 77
네마토다(Nematoda) 31

*항목의 번호 중에서 이탤릭체로 된 것은 그림을 가리킵니다.

노래기 7, 9, 46, 47, 48,
　　51, 52
　　생식지 52
　　체절 46, 52
　　흙 둥지 52
늑대거미 64, 66

ㄷ

다족류 46
달팽이 36, 39
　　껍데기 36, 36
　　눈자루 37
　　외투막 37
　　치설 37, 37, 38
담흑부전나비 애벌레 87,
　　89
대모넓적송장벌레 77
둥지 세트 20, 20
등각류 41
딱정벌레 7, 26, 74, 75
　　번데기 78
　　변태 78
　　성충 78
　　애벌레 76, 78

똥 29, 80, 82
똥풍뎅이 74, 80
　　육아굴 9

ㄹ

렌지소똥풍뎅이 77

ㅁ

매장충 80
머리가슴 62
먹이함정 18, 18
먼지벌레 79
무기물 7, 11, 12, 29
민달팽이 8, 26, 35, 36,
　　36, 37, 39

ㅂ

배마디거미 9, 64
베어만 장치 17, 17
보라금풍뎅이 9, 77, 80
복족 36
복족류 35
부식물 7, 11, 12, 29, 75
부식층 12

부전나비 애벌레 8
비단길앞잡이 8, 60
뿌리혹기형 34
뿌리혹선충 9, 33
뿔소똥구리 77
뿔좁쌀응애 74

ㅅ

사냥개 43
살충제 83, 96
선모충 34
선충 17, 18, 31~33
　　기생충 33
　　입 32, 32
송장벌레 80
숙주 34
십이지장충 34, 34

ㅇ

아라크네(arachnids) 70
아르마딜로 43, 43
암수한몸
　　지렁이 28
　　달팽이 40

찾아보기 103

연체동물 35
왕사슴벌레 *82*
왕소똥구리 81, *81*, 82
왜콩풍뎅이 *82*, 83
외골격 77
원생동물 13
유기물 12
윤작 34
응애 71, 72~74
이마무늬송장벌레 77
인구과잉 59
입 32
입틀 57, 62, 78

ㅈ
자외선 23
장님거미 70, *70*
장수풍뎅이 *76*
전갈 68, 69, *69*
   걷는다리 68
   꼬리침 69
   수염다리 68, 69
점액 36, 40
조개응애 73, *73*

조류 32
좁쌀응애 73, *73*
쥐며느리 8, 41, *42*
   육아낭 45, *45*
지네 7, *8*, 46, *47*,
   48~50
   구애춤 49, *49*
   독 발톱 48
   알 보호 *49*, 50
   체절 46, 47
   턱다리 48
   홑눈 48
지렁이 6, 7, 8, 21~23,
   23, 24, 25, *25*,
   26~30, 39
   똥 9, 25, 29
   사육 상자 30, *30*
   센털 23, *23*, 26
   알주머니 *28*, 29
   체절 23, *23*, 27
   환대 23, *23*, 28, *28*
진드기 71
진딧물 93
짝짓기

개미 91
노래기 49, *52*
달팽이 40, *40*
전갈 69
지렁이 *28*

ㅊ
찰스 다윈 22, 29
참진드기 72, *72*

ㅋ
큐티클 32
큰넓적송장벌레 77
큰명주딱정벌레 76
키틴 76

ㅌ
탈피 66, 73
   거미 66
   공벌레 44
   노래기 52
   지네 50
   응애 73
털진드기 71, 72, *72*

토양 생태계 98
토양동물 *9*, 10, 11, 14, 16, 20, 21, 29, 71, 96, 98
토양세균 11, 13
토양층위 *12*
톡토기 *8*, 53, *54*, 56, 57, *57*, 58, 59
   도약기 54, 55
   점관 55
   체절 53
통거미 70
툴그렌 장치 16, *16*

ㅍ

포식자 10, 43
폭탄먼지벌레 *76*, 79

ㅎ

한국깔때기거미 64
헤라클레스장수풍뎅이 75
환경오염 96
환대 23, *23*, 28, *28*
흡충관 *15*, 16, 19, *19*

어린이를 위한 토양동물 이야기
흙 속의 작은 우주

2007년 1월 18일 1판 1쇄
2019년 11월 15일 1판 8쇄

지은이 : 앨빈 실버스타인, 버지니아 실버스타인
옮긴이 : 김수영
그린이 : 김태형

편집 : 최일주, 강변구
디자인 : 골무
제작 : 박흥기
교정 : 한지연
마케팅 : 이병규, 이민정, 최다은
홍보 : 조민희, 강효원

도움 주신 분 : 김태우(곤충학 박사), 성기수(어린이책 작가)

출력 : 한국커뮤니케이션
인쇄 : POD코리아
제책 : 경원문화사

펴낸이 : 강맑실
펴낸곳 : (주)사계절출판사
등록 : 제 406-2003-034호
주소 : (우)10881 경기도 파주시 회동길 252
전화 : 031)955-8588, 8558
전송 : 마케팅부 031)955-8595 | 편집부 031)955-8596
홈페이지 : www.sakyejul.co.kr | 전자우편 : skj@sakyejul.co.kr
독자 카페 : 사계절 책 향기가 나는 집 cafe.naver.com/sakyejul
트위터 : twitter.com/sakyejul | 페이스북 : facebook.com/sakyejul

값은 뒤표지에 적혀 있습니다. 잘못 만든 책은 구입하신 서점에서 바꾸어 드립니다.
사계절출판사는 성장의 의미를 생각합니다. 사계절출판사는 독자 여러분의 의견에 늘 귀 기울이고 있습니다.
이 책은 저작권법에 따라 보호받는 저작물이므로 무단전재와 무단복제를 금합니다.

ISBN 978-89-5828-202-0 73490